Heilbronner Köpfe

Stadt*archiv* Heilbronn

Kleine Schriftenreihe des Archivs der Stadt Heilbronn

Im Auftrag der Stadt Heilbronn
herausgegeben von Christhard Schrenk

42
Heilbronner Köpfe

1998
Stadtarchiv Heilbronn

Hubert Weckbach

Heilbronner Köpfe

1998
Stadtarchiv Heilbronn

Redaktion: Klaus Könninger

© Stadtarchiv Heilbronn 1998
Texterfassung: Stadt Heilbronn
Bilderfassung: Stadt Heilbronn
Layout und Umschlaggestaltung: creativ team peer friedel, Heilbronn
Druck: Hausdruckerei der Stadt Heilbronn

Das Werk einschließlich aller Abbildungen ist urheberrechtlich geschützt. Jede Verwertung außerhalb der Grenzen des Urheberrechtsgesetzes ist ohne Zustimmung des Stadtarchivs Heilbronn unzulässig und strafbar. Das gilt insbesondere für Vervielfältigungen, Übersetzungen, Mikroverfilmungen und die Einspeicherung und Bearbeitung in elektronischen Systemen.

ISBN 3-928990-64-0

Inhalt

Vorwort 7
Einleitung – Stadt der Energie, Stadt am Fluß 9

Schlüssel und Kopf – Friedrich Ackermann und seine
Söhne Carl und Friedrich 14
Riesen für die Lüfte – Alexander Baumann 22
Empire in Silber und Serie – Peter Bruckmann 32
Mit der Erbswurst um die Welt – Carl Heinrich Knorr und seine
Söhne Carl und Alfred 40
Die Stadt auf Salz gebaut – Theodor Lichtenberger 50
König der Konstrukteure – Wilhelm Maybach 58
Die Offenbarung: nichts wird zu nichts – Robert Mayer 68
Die Rasanz der Deckrullo-Nettel – Robert Emil Mayer 80
Ein Etablissement für Schwefelsäure – Friedrich Michael Münzing 88
Courage schafft Fortune – Die Brüder Moriz und Adolf von Rauch 96
Die Zukunft auf den Weg gebracht – Carl Reuß 104
Erfolg und Tragödie – Gustav Schaeuffelen und Johann Widmann 114
Unbeugsam in Theorie und Praxis – Gustav Schmoller 124
Clevner gegen die Hybriden – Hermann Schneider 134
Sicher auch außerhalb der Atmosphäre – Ulrich Tuchel 142

Zitierte Literatur 149
Bildnachweis 152

Vorwort

Heilbronn steht an der Schwelle zum nächsten Jahrhundert, zum nächsten Jahrtausend gar. Und wie 100 Jahre zuvor bereitet sich unsere Stadt auf diesen Schritt mit einer ganzen Reihe von Schlüsselprojekten der Stadtentwicklung vor, welche auch für die Zukunft die Rahmenbedingungen schaffen für den Erfolg als Arbeits- und Wohnort, als Einkaufsstadt, als Kultur- und Freizeitzentrum – kurz als leistungsfähiger Wirtschaftsstandort und qualitätsvoller Lebensmittelpunkt.

Die Ausgangsbasis dafür ist gut: der Strukturwandel, der den Wegfall vieler industrieller Arbeitsplätze mehr als kompensierte, ist weit fortgeschritten in Heilbronn, und das Wirtschaftsleben ist geprägt durch einen ausgewogenen Mix von Branchen und Betriebsgrößen. »Harte« und »weiche« Standortfaktoren werden optimiert, und viel mehr als nur ein »I-Tüpfelchen« sind da die Anlage des zukünftigen Neckarparks und die Einrichtung des Robert-Mayer-Energie-Museums im einstigen Saatenspeicher »Hagenbucher«.

Bringt der Neckarpark rund um den »Hagenbucher« den Heilbronnern ihren »Schicksalsfluß« selbst wieder zurück ins Bewußtsein und Stadtbild, so wird das neue Museum die Entwicklung der menschlichen Nutzung von Energie spannend in Szene setzen mit vielen Beispielen und Exponaten aus der mehr als 1000jährigen Historie der Handels- und Industriestadt Heilbronn, die ihre wirtschaftliche Kraft und Dynamik mehr und mehr aus der »ewigen Energiequelle Neckar« zu schöpfen verstand.

Doch lebt die Geschichte Heilbronns nicht nur von der physikalischen Energie, sondern auch von der menschlichen. Vom Genius, von der Courage und vom Beharrungsvermögen der Heilbronner Pioniere aus Wirtschaft, Naturwissenschaft und Technik. Persönlichkeiten, die Impulse gegeben und Grundlagen geschaffen haben für Branchen und Disziplinen und letztlich auch dafür, daß Heilbronn in den vergangenen zweihundert Jahren beinahe regelmäßig alle fünfzig Jahre einen gewaltigen Innovationsschub erfahren hat.

»Heilbronner Köpfe« und der Neckar gemeinsam haben Heilbronn sein historisches Gewicht als internationale Verkehrsdrehscheibe, als Handelszentrum und als zweitwichtigste Industriestadt Württembergs verliehen. Einige jener großen Heilbronner stellt dieses Buch vor. Dabei muß die Auswahl unvollständig bleiben und kann weder die Kultur noch – bis auf die Ausnahme Gustav von Schmoller – die Geisteswissenschaften berücksichtigen. Aber sie wirft doch ein Schlaglicht auf Menschen, die in ihrer Zeit mit Mut, Zuversicht und Selbstvertrauen den entscheidenden Schritt nach vorne wagten.

Dr. Weinmann
Oberbürgermeister

Einleitung
Stadt der Energie, Stadt am Fluß

Weinstadt, Logistikstadt, Salzstadt, Käthchenstadt, Neckarstadt, grüne Stadt ... Heilbronn hat viele Attribute, doch alle haben einen gemeinsamen Nenner: Heilbronn war und ist eine Stadt mit dynamischem Wirtschaftsleben und hoher Lebensqualität. Die Stadt am Fluß wußte und weiß ihre natürlichen Ressourcen mit unternehmerischer Energie und Innovationskraft zu nutzen.

Nur wenige Jahrzehnte brauchte Heilbronn, um sich im 19. Jahrhundert von einer traditionsreichen Wein- und Handelsstadt in eine bedeutende Industriestadt zu verwandeln. Und wie in den vielen Jahrhunderten zuvor war der Neckar die Energiequelle Nr. 1 für die Wirtschaft.

Von den Mühlen auf den Flußinseln ging die industrielle Revolution in Heilbronn aus. Aus Handels- und Handwerksbetrieben entstanden Fabriken. Im Jahre 1805 startete Peter Bruckmann mit der fabrikmäßigen Produktion von Silberwaren. Achtzehn Jahre später stellten die Gebrüder Rauch in ihrer Mühle eine englische Maschine zur Herstellung von Endlospapier auf. Nur sieben weitere Jahre vergingen, bis in Heilbronn die erste deutsche Endlospapiermaschine von Johann Jakob Widmann gebaut und im Unternehmen von Gustav Schaeuffelen in Gang gesetzt wurde.

Auch in Heilbronn war die große Zeit der Tüftler, Erfinder und Genies angebrochen. Der Heilbronner Arzt und Naturwissenschaftler Robert Mayer formulierte den Satz von der Erhaltung der Energie, eine der Grundlagen der modernen Energiephysik und Energietechnik. Mehr und mehr gesellten sich rauchende Schlote zum historischen Stadtbild. Im Jahre 1832 hatte Heilbronn 17 Fabriken mit 450 Arbeitern, 1861 waren es bereits 250 Betriebe mit 2723 Beschäftigten. Neben der Papierindustrie (ab 1825 arbeitete die Papierfabrik der Brüder Moriz und Adolf von Rauch, ab 1830 startete Gustav Schaeuffelen die maschinelle Produktion) erlebten vor allem die Nahrungsmittelindustrie (den Grundstein legte Carl Heinrich Knorr mit seiner Fabrikation von Kaffeesurrogaten aus Zichorie ab 1838), die Metallindustrie, der Maschinenbau und die chemische Industrie (im Jahre 1830 wurde die Schwefelsäurefabrik Münzing & Comp. gegründet) einen rasanten Aufschwung. Ein breites Branchenspektrum, der durch das Wettrennen zwischen der Eisenbahn und der Kettenschleppschiffahrt auf dem Neckar ausgelöste Synergieeffekt sowie neu entstehende Zweige wie der Fahrzeugbau im Zuge der Erfindung des Automobils (auch Wilhelm Maybach ist in Heilbronn geboren) und der Salzbergbau – ab dem Jahr 1881 fanden die ersten von Theodor Lichtenberger angeregten städtischen Probebohrungen statt – sicherten Heilbronn bis zur Jahrhundertwende einen Platz an der Spitze der württembergischen Wirtschaft.

Heilbronn heute: vitaler Wirtschaftsstandort im Herzen Europas
Zentral in Europa und am Schnittpunkt der Autobahnen A6 und A81 gelegen, an sechs Schienenstrecken und an der europäischen Wasserstraße Neckar, zeichnet sich die Stadt Heilbronn auch heute durch ihre hervorragende Verkehrsanbindung besonders für den Güterfernverkehr aus.

Als Schwerpunkt von Industrie, Handel und Gewerbe sowie als kultureller und administrativer Mittelpunkt bildet sie zwischen Stuttgart und Mannheim mit ihren rund 120 000 Einwohnern das Zentrum eines eigenständigen Wirtschaftsraumes mit überregionaler Ausstrahlung und einem ganz besonderen Charme: Heilbronn hat weit über tausend Jahre Weinbau-Kultur und zählt mit 509 ha Rebfläche zu Deutschlands größten Weinbaugemeinden.

Wirtschaftsstruktur und Verkehrsinfrastruktur machen Heilbronn attraktiv für eine Vielzahl junger, zukunftsorientierter Wirtschaftszweige wie Softwareherstellung, Mikrotechnologie, Umwelttechnik, Logistik, Lebensmitteltechnologie, Papier- und Verpackungstechnik.

Innovativ mit gesundem Branchenmix
In den 6000 Heilbronner Betrieben, privaten und öffentlichen Einrichtungen sind rund 74 000 Menschen beschäftigt, hauptsächlich in den Bereichen Handel, Dienstleistung und Industrie. Insgesamt ist die Heil-

bronner Wirtschaftsstruktur durch einen ausgewogenen Branchenmix und innovationsfreudige Mittelständler bestimmt, welche wie die renommierten Großunternehmen der Stadt europa- und weltweit agieren. Führend im sekundären Sektor (mit 27 Prozent aller Beschäftigten) sind die Branchen Metall (Maschinen- und Fahrzeugbau, Stahl- und Anlagenbau), Elektronik, Nahrungs- und Genußmittel, Papier und Druck, Chemie und Salzbergbau.

Läpple, Illig, Temic (ehem. Telefunken), Fiat Automobil AG, CPC Deutschland (mit den Marken Knorr, Maizena, Pfanni), Marbach oder beyerdynamic sind Heilbronner Unternehmen von Weltrang. Zahlreiche Firmen mittlerer Größe produzieren als Zulieferer für große Automarken wie Audi, BMW, Fiat, Mercedes, VW und Porsche.

Beim Strukturwandel weit vorn

Bildete das verarbeitende Gewerbe weit über 100 Jahre lang das ökonomische Rückgrat, so liegt heute beim Dienstleistungsbereich das Hauptgewicht. Heilbronn ist ein führender Bankenplatz, und hochqualifizierte Beratungsfirmen sind hier weiter auf dem Vormarsch. Inzwischen arbeiten in Heilbronn über 62 Prozent aller Beschäftigten im tertiären Sektor. Eine starke Stellung nimmt das Heilbronner Handwerk ein mit rund 11 000 Beschäftigten in 1400 Betrieben. Die Groß- und Einzelhandelsunternehmen der Stadt erwirtschaften pro Jahr weit über fünf Milliarden DM Umsatz, der industrielle Gesamtumsatz indessen erreicht diese Marke noch nicht. Mit 21,4 Prozent ist der Anteil von Handel und Verkehr an der Heilbronner Bruttowertschöpfung beinahe doppelt so hoch wie der Durchschnittswert Baden-Württembergs. Insgesamt übertrifft die Wirtschaftskraft der Stadt Heilbronn (bezogen auf die Einwohnerzahl) den Landesdurchschnitt um etwa 37 Prozent.

Als Oberzentrum der Region Heilbronn-Franken ist Heilbronn auch Einkaufsstadt für ein Einzugsgebiet mit 900 000 Einwohnern, und bedeutende Großunternehmen, so Lidl & Schwarz und Tengelmann, distribuieren von hier aus landesweit. Die leistungsfähigen Verkehrsbeziehungen sorgen für einen hohen Besatz an Transportunternehmen. Rund 140 Spediteure machen Heilbronn zur Logistikstadt, die jährlich rund sechs Mio. Tonnen Güter empfängt und vier Mio. Tonnen versendet. Mehr als die Hälfte des

Gesamtumschlags kommt per Schiff in den Heilbronner Hafen, welcher zu den wichtigsten deutschen Binnenhäfen zählt.

In die Zukunft zielen

Um die gute Basis der Stadt für den wirtschaftlichen und sozialen Erfolg auch für die Zukunft im großen europäischen Binnenmarkt zu sichern, baut Heilbronn die vorhandenen Strukturen gezielt aus. Wichtige Großprojekte wurden in jüngster Zeit realisiert oder gestartet, welche die bislang größten Investitionen in der Heilbronner Geschichte verlangen. Runde 200 Mio. DM kostete der Anfang 1997 eingeweihte zweite Bauabschnitt des Städtischen Krankenhauses. Mit über 170 Mio. DM wird die Kläranlage zu Buche schlagen, die der Heilbronner Wirtschaft ab dem Jahr 1999 Entsorgungssicherheit bis weit in das nächste Jahrtausend hinein bieten wird. Einen großen Stellenwert besitzt – neben vielen weiteren Bemühungen zur Optimierung der Verkehrswege in und nach Heilbronn – die geplante Stadtbahn. Sie wird den öffentlichen Personennahverkehr der Region effizienter machen und die Räume Heilbronn und Karlsruhe durch umsteigefreie schnelle Verbindungen vernetzen. Ein Vorhaben, für das die beteiligten Kommunen und der Staat rund 825 Mio. DM aufwenden. Gleichzeitig werden Heilbronns Einkaufszonen attraktiviert durch die »Gestaltungsoffensive Innenstadt«, die auch die Erweiterung der Festhalle »Harmonie« zu einem modernen Kultur- und Kongreßzentrum, die Anlage des Neckarparks sowie den Bau eines Kultur- und Medienzentrums neben dem Stadttheater auf dem Berliner Platz vorsieht.

Das Heilbronner Forschungs- und Entwicklungsnetz mit der Fachhochschule für Technik und Wirtschaft und sieben Steinbeis-Transferzentren erfährt durch ein Gründer- und Softwarezentrum (Innovations-Fabrik-Heilbronn) eine wertvolle Ergänzung. Im Industriegebiet am Neckar im Norden der Stadt werden, mit der Restrukturierung von 440 Hektar bislang zu extensiv genutzter Gewerbefläche, Flächenressourcen aktiviert. In optimaler Lage werden so 40 Hektar zusätzliche Gewerbeflächen gewonnen, auf denen besonders zukunftsorientierte Unternehmen unter anderem einen »Logistikknoten« für kombinierte Verkehre (Straße, Wasser, Schiene) bilden sollen.

Zusätzliche Industrie- und Gewerbefläche wird in Heilbronn aber vor allem mit der Erweiterung des modernen Industrie- und Gewerbegebietes »Böllinger Höfe« erschlossen. Unmittelbar an der Autobahn entstehen zusätzlich noch einmal 90 Hektar für die Ansiedlung neuer Firmen. Die Umwandlung der einst durch die US-Armee genutzten Areale in Wohn- und Gewerbegebiete bedeutete eine besondere Chance für die Stadtentwicklung, welche nur noch durch die sich abzeichnenden Möglichkeiten der Konversion von zukünftig brachliegenden Bahnflächen im Stadtzentrum übertroffen werden kann. Rund 44 Hektar könnten für hochwertige Nutzungen wie Wohnen, Dienstleistungen und Freizeitangebote zur Verfügung stehen. Darunter auch die Fläche des vor rund 100 Jahren in Betrieb genommenen Rangierbahnhofs Böckingen, über dessen 26 Gleise in Spitzenzeiten bis zu 2 000 Waggons pro Tag rollten. Hier kann der größte Stadtteil Heilbronns dann eine vollkommen neue Ortsmitte erhalten, welche die bisherige Nord-/Südtrennung durch Straße und Schiene überwindet.

Auch mit diesem Großprojekt wird die Stadt Heilbronn demonstrieren, daß sie wichtige Veränderungsprozesse nicht lediglich passiv erduldet, sondern aktiv als Herausforderung annimmt und darin Entwicklungspotentiale erkennt. Genau wie einst die Heilbronner im Jahre 1333, als Kaiser Ludwig der Bayer der Stadt das Privileg erteilte, »daß die Bürger den Neckar wenden und kehren dürfen, wie es für die Stadt am nützlichsten ist.« In der Folgezeit errichtete man Mühlen und Wehre, die schließlich den Wasserweg unterbrachen. Heilbronn wurde als Tor zwischen dem oberen und unteren Neckar zu einer wahren Verkehrsdrehscheibe, der Stapelzwang erschloß neue Einnahmequellen, das Speditionsgewerbe nahm einen enormen Aufschwung und lebhafte Gewerbetätigkeit entfaltete sich. Heilbronn hatte die Gunst der Stunde zu nutzen gewußt und sich eine neue ökonomische Basis geschaffen.

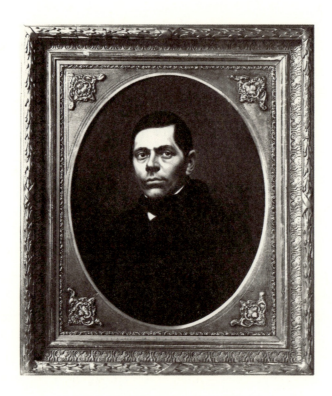

Friedrich Ackermann (1818–1870)

Schlüssel und Kopf
Friedrich Ackermann und seine Söhne Carl und Friedrich

Bald nach der Mitte des 19. Jahrhunderts war die ein paar Jahre zuvor erfundene Nähmaschine auch nach Württemberg eingeführt worden, was rasch die Technisierung des Bekleidungsgewerbes und eine Umstellung der gesamten textilen Fertigung nach sich zog. Die von der Firma Ackermann in Sontheim bei Heilbronn seit 1869 auf den Markt gebrachten Nähgarne auf Holzspulen waren dem Betrieb jener Maschine angepaßt. Sie zeugen von der unternehmerischen Weitsicht bedeutender Gründerpersönlichkeiten, deren Familienname mit dem Produkt verschmolz.

Friedrich Ackermann (1818 bis 1870) hatte seine mechanische Zwirnerei 1868 gegründet. Die Aufnahme der Nähgarnfabrikation machte Deutschland unabhängig von den bis dahin marktbeherrschenden englischen Importen. Mit dem Bezug der dafür nötigen Maschinen aus England wurde in Heilbronn einmal mehr Technologietransfer aus dem Mutterland der Industrie betrieben. Das Aufspulen der Garne auf Holzrollen war auf dem Kontinent ein technisches Novum und das Etikettieren mit deutscher Bezeichnung ebenfalls innovativ. Damit wurde der deutsche Artikel Nähgarn (oder Nähfaden) erst geschaffen. Es war eine Pioniertat des alten Ackermann. Dazu gehörten Mut und Bereitschaft zum Wagnis. Dem gleichnamigen Sohn gebührt das Verdienst, das Nähfadengeschäft zum Markenartikelgeschäft gemacht und der Firma Weltruf verschafft zu haben. Mit der Markenqualität hat er die wahre Stärke des Unternehmens herausgearbeitet und wie kein anderer das Fundament der Firma gefestigt. Er hat sie an die Spitze der Branche in Deutschland geführt.

Friedrich Ackermann d. Ä. kam 1833 als Vollwaise von Schwäbisch Hall nach Heilbronn und ging bei einer Kolonialwarengroßhandlung in die Lehre. Im Jahre 1842 erwarb er in der Lohtorstraße ein Haus und gründete dort ein Spielwaren-Einzelhandelsgeschäft, führte aber bald schon nur noch Garne, Mercerie- und Kurzwaren. Sein Detailgeschäft war das erste dieser Art in Heilbronn. Zehn Jahre später stellte er auf Großhandel um. Großhandelsunternehmen dieser Art gab es bis dahin in Württemberg nur zwei.

Im Jahre 1868 kaufte Friedrich Ackermann in dem benachbarten Sontheim (seit 1938 Heilbronner Stadtteil) das ehemalige Sommerhaus des Heilbronner Deutschordenskomturs, um darin eine Strick- und Nähgarnfabrik einzurichten. An dieses Haus schloß sich ein weitläufiges Gartengelände an, das Erweiterungsmöglichkeiten bot. Die als lästig empfundene Abhängigkeit von der Einfuhr englischer Näh- und Strickgarne – die englischen Produkte beherrschten damals völlig den deutschen Markt – hatte in Ackermann den Gedanken genährt, solche selber herzustellen. Der Besuch der Pariser Weltausstellung 1867, wo er die modernsten englischen Spinn- und Zwirnmaschinen zu sehen bekam, bestärkten ihn in dem Vorhaben. Schon im Sommer 1869 konnte der tatkräftige Mann seinen Geschäftspartnern mitteilen, daß er die Strick- und Nähgarnfabrik Mech. Zwirnerei Heilbronn gegründet habe. Gefertigt wurden – auf englischen Maschinen – baumwollene Garne, der Nähfaden auf Holzrollen gespult.

Nach dem frühen Tod des Firmengründers 1870 firmierte das Unternehmen mit Mech. Zwirnerei C. Ackermann & Cie. – »C.«, weil der Sohn Carl (1846 bis 1885) nun das Unternehmen leitete, seit 1876 im technischen Bereich unterstützt von seinem Bruder Friedrich (1856 bis 1928). Die Firma hatte noch immer mit Schwierigkeiten aus der Gründungsphase zu kämpfen, als die englische Nähfadenindustrie, die ihr seitheriges Monopol mit Recht gefährdet sah, einen unerbittlichen Konkurrenzkampf in Gang setzte. Englische Ware wurde unter dem Herstellungswert oder in schlechter und dadurch billiger Qualität auf den deutschen Markt geworfen. Noch Ende des Jahrhunderts machten die Engländer die größten Anstrengungen, um der deutschen Konkurrenz das Wasser abzugraben. Mit der Lieferung »vorzüglicher Nähgarne« gewann die Firma Ackermann dennoch allmählich einen festen Kundenstamm. Die Mechanische Zwirnerei in Sontheim liefere ein Fabrikat, heißt es im »Gewerbeblatt aus Württemberg« 1870, »von welchem man wohl sagen kann, daß es allen billigen Anforderungen genügt«. Gleichwohl waren noch lange ganz

Ackermann-Werbung aus dem Jahre 1897

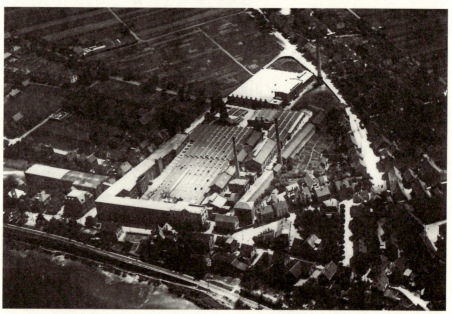

Fabrikfassade und Gesamtansicht der Firma Ackermann in Sontheim

erhebliche Schwierigkeiten zu überwinden, »nämlich die des Vorurteils zu Gunsten ausländischer Marken«, das heißt vor allem der gut eingeführten englischen.

»Ackermann's Schlüsselgarn« wurde mit der Zeit zu einem Qualitätsbegriff, weil der Qualitätsgedanke in Sontheim Vorrang hatte vor der Quantität der Produktion. Der gute Absatz »verlockte« freilich auch unlautere Konkurrenten zu Schwindel und Täuschung der Verbraucher. Mit einem Flugblatt suchte sich die Firma 1881 gegen den Mißbrauch ihres Warenbildes durch täuschend ähnliche Etiketten zu wehren. Die Qualität der Konkurrenz-Erzeugnisse sei »bedeutend geringer« als die von der Firma Ackermann von Anfang an mit Schlüssel und Kopf vertriebenen Fabrikate. Schlüssel und Kopf waren damals schon zu echten Markenzeichen geworden. Ab etwa 1895 trat an die Stelle des einfachen Schlüssels der Doppelschlüssel. Als Qualitätsmarken finden sie sich auf allen Sontheimer Produkten. In sämtlichen Ländern, in welche die Firma exportierte, wurden Schlüssel und Frauenkopf geschützt. Aber noch 1891 wurden 94 Prozent der gesamten Produktion im Inland abgesetzt.

Als die Euphorie der Gründerjahre in eine allgemeine Wirtschaftskrise umschlug, geriet die Firma Ackermann 1882 so nachhaltig in Zahlungsschwierigkeiten, daß das Konkursverfahren eröffnet werden mußte. In dieser äußersten Not brachte der noch junge Nähseidenfabrikant Alfred Amann (1863 bis 1942) in Bönnigheim innerhalb nur weniger Tage ein Kapitalkonsortium zusammen, das die Aktiengesellschaft Mechanische Zwirnerei Heilbronn vorm. C. Ackermann & Cie. in Sontheim bei Heilbronn ins Leben rief, so daß der Betrieb weitergeführt werden konnte. Friedrich Ackermann wurde technisches Vorstandsmitglied, Carl war nach Australien ausgewandert. Mit der Gründung der Aktiengesellschaft begann für das Unternehmen eine neue Epoche mit einer im wesentlichen geradlinigen Aufwärtsentwicklung bis zum Ersten Weltkrieg. Es war eine Zeit der stetigen Investitionen, die der Kapazitätsausweitung, Modernisierung und Rationalisierung dienten. Noch 1882 vermochte man im Werk selbst nur 160 bis 180 Zentner Garn monatlich zu produzieren, weitere 100 bis 120 Zentner mußten sogenannte Lohnzwirner hinzuliefern, damit der Bedarf überhaupt gedeckt werden konnte. Nach dem Neubeginn wurden die

Produktionsanlagen deshalb wesentlich erweitert. In den »Offiziellen Ausstellungs-Nachrichten« der Industrie-, Gewerbe- und Kunstausstellung in Heilbronn 1897 konnte die Firma Ackermann mit Stolz darauf hinweisen, »das größte und bedeutendste Etablissement Deutschlands auf dem Gebiete der Näh- und Häkelgarnfabrikation« zu sein. Es beschäftigte damals 650 Personen und verfügte über 13 große Dampfkessel und »mehrere hundert Arbeitsmaschinen«. Da es sich stets die neueste Technik zu Nutzen gemacht hatte, stand es »in bezug auf größte Zweckmäßigkeit der Einrichtung« mustergültig da.

Heftig erschütterte der Erste Weltkrieg das Unternehmen, das der Rohstoffe wegen ganz vom Ausland abhängig war. Um die im Krieg verlorengegangenen Auslandsmärkte zurückzugewinnen, schloß sich das Sontheimer Werk, das seit 1919 mit Zwirnerei Ackermann AG firmierte, 1920 mit anderen Firmen zum Verband deutscher Baumwoll-Nähfaden-Fabriken (Nähgarnverband) GmbH zusammen und gründete mit diesen eine eigene Vertriebsgesellschaft deutscher Baumwoll-Nähfaden-Fabriken (Nähgarnvertrieb) GmbH. In der Holzwarenfabrik Königsberg GmbH stellte man seit 1921 auch selbst die benötigten Spulen her. Bis zur Mitte der 20er Jahre war der »Wiederaufbau« geschafft. Aber das Sontheimer Unternehmen hatte nur zu überleben vermocht, weil es auf solidem wirtschaftlichen Boden stand. Als 1928 der Geheime Kommerzienrat Friedrich Ackermann starb – eine überragende Unternehmerpersönlichkeit und seit 1901 Ehrenbürger von Sontheim –, hinterließ er ein Unternehmen, dessen Firmenmarken Weltruf zukam.

Bevor der Zweite Weltkrieg losbrach, erlebte die Firma Ackermann noch einmal eine große Blüte. Mit der Länge des Krieges zeichnete sich jedoch das Ende der Prosperität ab, bis schließlich noch vor Kriegsende alle Arbeit zum Erliegen kam. Schwere Schäden erlitt das Werk beim Kampf um Heilbronn. 1949 gründeten die Zwirnerei Ackermann und die Nähfadenfabrik Göggingen im badischen Adelsheim die Holzwarenfabrik Adelsheim GmbH, die jahrelang die benötigten Nähgarnrollen lieferte. 1957 schlossen sich die zwei Unternehmen in der Ackermann-Göggingen AG mit Sitz in München zusammen. Die Zwirnerei Ackermann firmierte von da an mit Zwirnerei Ackermann, Werk der Ackermann-Göggingen AG.

Die Fusion machte sie zum größten Nähmittelhersteller auf dem Kontinent. Diese Marktstellung erforderte eine ständige Anpassung an den technischen Fortschritt und auch die zügige Umstellung von den bisher verarbeiteten Naturprodukten auf synthetische Fasern. Im Jahre 1980 wurde ein Teil der Sontheimer Produktion nach Augsburg verlegt, 1982 fast das ganze Werk stillgelegt und ein großer Teil der Fabrikgebäude abgebrochen. Zum 1. Januar 1994 hat schließlich die Firma Amann & Söhne GmbH & Co. in Bönnigheim die Ackermann-Göggingen AG übernommen, um sie als Nähgarn GmbH & Co. KG Ackermann-Göggingen weiterzuführen – was an jenes denkwürdige Jahr 1882 erinnert, in dem Alfred Amann als Retter der Sontheimer Zwirnerei tätig geworden war. Wenig später wurde das Heilbronn-Sontheimer Werk endgültig geschlossen. 72 Mitarbeiter waren zu diesem Zeitpunkt dort noch beschäftigt, wo in den 60er Jahren einmal mehr als 1600 Männer und Frauen Arbeit und Brot gefunden hatten.

Nie aufgegeben wurde das Stammhaus in Heilbronn, das als Großhandlung bis heute besteht. Es war 1882 bei der Gründung der Aktiengesellschaft von dieser ausgeklammert worden.

Riesen für die Lüfte
Alexander Baumann

Mit seinem Buch »Die Flugzeuge des Alexander Baumann« hat Heinz J. Nowarra 1982 Leben und Werk eines Mannes gewürdigt, dessen Name bereits der Vergessenheit anheimgefallen war – eines Mannes, der einmal zu den namhaften Flugzeugkonstrukteuren in diesem Land gehört hat und der zu den großen Söhnen Heilbronns zu zählen ist.

Es ist wohl nicht übertrieben, Alexander Baumann (1875 bis 1928) unter die geistigen Väter des deutschen Luftverkehrs einzureihen. Spätestens seit 1907 befaßte er sich mit der Konstruktion von Flugzeugen, 1910 wurde er auf einen neugeschaffenen luftfahrttechnischen Lehrstuhl der Technischen Hochschule Stuttgart berufen. Er war damals der einzige in Deutschland, der über Flugzeugbau Vorlesungen hielt und Konstruktionsübungen anbot. 1913 erschien von ihm ein Lehrbuch »Mechanische Grundlagen des Flugzeugbaus«, das über Jahre das Standardwerk für den Flugzeugbauer gewesen ist. Während die meisten Flugzeugkonstruktionen damals empirisch entwickelt wurden, ging Baumann das Problem des Fliegens systematisch mit mathematischen Hilfsmitteln an, d.h. er begründete die Wissenschaftlichkeit der Luftfahrt. Als er mit der Konstruktion von Großflugzeugen beauftragt wurde, betrat er Neuland. Die Aufgabe, einen »Riesen« in die Luft zu bringen, erforderte bei dem Stand der Technik außergewöhnliche Fähigkeiten, denn Erfahrungen gab es nicht. Baumann hat diese Maschinen nicht nur zum Fliegen gebracht, er hat sie auch zur Serienreife geführt. Für seine Leistung wurde er wiederholt ausgezeichnet – ein Mann, der mit vielen Vorstellungen seiner Zeit voraus gewesen ist. Alexander Baumann ging 1925 nach Japan und wurde – neben seinem besten Schüler Adolf Rohrbach (1889 bis 1939) – zum Lehrmeister von Mitsubishi. Dadurch wurden die japanischen Flugzeugfirmen vom Ausland unabhängig. Der Heilbronner Ingenieur für Flugzeugbau und Stadtrat

Alexander Baumann (1875–1928)

Heiner Dörner hat die Vermittlungsarbeit der beiden zu Recht als Technologietransfer auf dem Gebiet des Flugzeugbaus bezeichnet.

Geboren wurde Alexander Baumann in Heilbronn. Der Vater, Alexander Baumann sen. (1845 bis 1893), kam aus der Sperling-Baumannschen Ölmühle, war Ingenieur und zuletzt in Mitteldeutschland tätig. Nach seinem Tod zog seine Witwe nach Stuttgart, wo Alexander jun. Maschinenbau studierte. Danach arbeitete er als Ingenieur im sächsischen Industrierevier. Seit 1902 Dozent an der Ingenieurschule in Zwickau, betrieb er nebenher zusammen mit einem Kollegen ein Konstruktionsbüro.

Etwa ab 1907 beschäftigte sich Alexander Baumann mit der Konstruktion von Luftschiffen und Flugzeugen. »Ich bin nun der Ansicht«, hatte in eben diesem Jahr ein höherrangiger Militär im »Zwickauer Lokalanzeiger« geschrieben, »daß wir jetzt, nachdem es erwiesen ist, daß man auch mit Luftschiffen, deren Gewicht nicht durch Gasballons getragen wird, fliegen kann, uns ernstlich der Konstruktion von Flugapparaten zuwenden müssen.« Genau das war für Baumann die Herausforderung. Im folgenden Jahr arbeitete er bereits an einem »Flugschiff«, dann erhielt er eine Berufung an die Physikalisch-Technische Reichsanstalt in Berlin-Charlottenburg, wo er kurz darauf mit einem Vortrag demonstrierte, daß er schon tief in die Materie des Flugzeugbaus eingestiegen war.

Im Jahre 1910 erreichte Alexander Baumann der Ruf der Technischen Hochschule in Stuttgart auf den neugeschaffenen Lehrstuhl für Luftschifffahrt, Flugtechnik und Kraftfahrzeuge (heute: Institut für Flugzeugbau). Dieser war den nachdrücklichen, auch finanziellen Bemühungen der von Ferdinand Graf von Zeppelin (1838 bis 1917) gegründeten Gesellschaft zur Förderung der Luftschiffahrt in Stuttgart AG zu verdanken. Noch 1909 hatte Baumann in einem Brief geschrieben: »Neulich las ich in den hiesigen Zeitungen, daß die Besetzung der Flugprofessur in Stuttgart so große Schwierigkeiten mache. ...Ich bin gespannt, ob die Sache noch in Fluß kommt und auf mich zu!« Der Stuttgarter Lehrstuhl war der erste dieser Art in Deutschland, wahrscheinlich sogar auf der ganzen Welt. Baumann überschrieb seine Antrittsvorlesung mit dem Titel »Neue Bestrebungen im Flugzeugbau«. Wie wenig man sich damals weithin noch über die Bedeutung der Luftfahrt bewußt war, ist in einem 1912 im »Berliner

Tageblatt« abgedruckten Artikel eines Professors der Technischen Hochschule in Berlin zu ersehen, wo es heißt: »Sicherlich wird auf diesem Gebiet manche überraschende Erfindung gemacht werden. Darüber muß man sich aber im klaren sein, daß diese Apparate sich niemals zu sicheren Verkehrsmitteln ausarbeiten werden ...«

Alexander Baumann arbeitete inzwischen mit Nachdruck an dem mit Segelschlitzflügeln versehenen sogenannten Baumann-Freytagschen Doppeldecker weiter, den er schon früher in Angriff genommen hatte. Von diesem wurden fünf Maschinen gebaut. Die letzte davon stürzte 1913 ab, wobei der Pilot, der eigenmächtig an dem Flugzeug Änderungen hatte vornehmen lassen, den Tod fand. Eingehend forschte Baumann nach der Ursache dieses Unfalls und stellte klar, daß dieser nicht durch seine Konstruktion bedingt war. Sein Können wurde tatsächlich auch nicht angezweifelt, denn noch im selben Jahr wurde er in den Technischen Ausschuß des Vorstandes der Deutschen Versuchsanstalt für Luftfahrt berufen. Daneben gehörte er zu den Gründern der 1912 ins Leben gerufenen Wissenschaftlichen Gesellschaft für Flugtechnik (später: Wissenschaftliche Gesellschaft für Luftfahrt WGL), in deren Wissenschaftlich-Technischem Ausschuß er auch vertreten war.

Ebenfalls 1913 schrieb der bekannte Flugpionier Hellmuth Hirth (1886 bis 1938), der wie Alexander Baumann aus Heilbronn stammte und ein Sohn des technisch hochbegabten Albert Hirth (1858 bis 1935) war, in seinem Buch »20 000 Kilometer im Luftmeer«: »... so komme ich zu der Überzeugung, daß unsere heutigen Flugmaschinen bald riesige Dimensionen annehmen werden. Unsere Technik ist jetzt schon erfreulicherweise so weit, daß sie uns den Bau von riesenhaften Flugzeugen ... gestattet.« Eine Vision? Die Idee war jedenfalls geboren, sie harrte nur der Verwirklichung. Hellmuth Hirth verstand es, namhafte Kreise für sein Projekt eines Transatlantik-Flugzeuges zu begeistern, mit dem ein zukünftiger allgemeiner Zivilflugverkehr aufgenommen werden sollte. Alexander Baumann erhielt 1914 den Auftrag zum Bau eines solchen Riesenflugzeuges, doch wurde der Gedanke der zivilen Nutzung in dem eben ausgebrochenen Ersten Weltkrieg schnell aufgegeben. Das Flugzeug mußte als Bomber Verwendung finden, wofür sich vor allem Graf Zeppelin stark machte.

Brief Baumanns mit Skizzen eines Tragflächenschnittes

Baumanns erstes Riesenflugzeug VGO I, das 1915 fertiggestellt wurde

Erich Offermann (1885 bis 1930), einer der Flugzeugführer der Riesenflugzeuge, hat 1919 in einem Vortrag sehr dezidiert gesagt: »Es sind jetzt fünf Jahre her, daß zum ersten Mal ernsthaft der Plan erwogen wurde, ein Flugzeug von bisher ungewohnten Dimensionen zu konstruieren, das befähigt sein sollte, den Ozean zu überfliegen. Die Anregung ging von Hellmuth Hirth aus ... Graf Zeppelin griff das Hirthsche Projekt auf, berief Prof. Baumann als namhaftesten Konstrukteur auf dem Gebiet des Flugzeugbaus ... zu sich, und es wurde unverweilt mit dem Bau des ersten Flugzeugs in Gotha begonnen.« Robert Bosch (1861 bis 1942) und Graf Zeppelin gründeten zu diesem Zweck die Versuchsbau Gotha-Ost GmbH (VGO).

Alexander Baumann stand nun vor der ungeheuren Aufgabe, ein Flugzeug konstruieren zu müssen, das eine Nutzlast von 3000 kg in die Luft bringen konnte. Es sollte außerdem eine ausreichende Flugdauer besitzen, um eine 1000 kg-Bombe hinter die feindlichen Linien zu transportieren. Gebaut wurde ein Doppeldecker von 42,2 m Spannweite, 42 m Länge und 6 m Höhe, bestückt mit drei Maybach-HS-Motoren von zusammen 720 PS, die in der Luft gewartet werden konnten. Am 11. April 1915 war dieses Flugzeug, VGO I genannt, fertig und wurde von Hellmuth Hirth eingeflogen. Die Höchstgeschwindigkeit betrug 126 km/h. Im August 1916 standen drei dieser »Riesenvögel« einsatzbereit. In eben diesem Jahr zog die Gothaer Produktionsstätte nach Staaken um, wo die Riesenflugzeugtypen R IV, V, VI, VIII, XIV, XV und XVI entstanden, allesamt Varianten des Basismodells VGO I. Die Versuchsbau firmierte jetzt als Flugzeugwerft GmbH Staaken und fusionierte 1918 mit der Luftschiffbau Zeppelin GmbH in Staaken. R IV war die einzige Maschine, die bis zum Ende des Ersten Weltkrieges an der Ost- und an der Westfront im Einsatz gewesen ist.
R VI indessen sollte Baumanns erfolgreichster Flugzeugtyp werden. Die erste Maschine war 1916 fertiggestellt. Nowarra bemerkt dazu: »Betrachtet man dieses Flugzeug unter Berücksichtigung des damaligen Standes der Technik, dann kann man nicht umhin, bewundernd zuzugeben, daß Professor Baumann und seine Mitarbeiter das seinerzeit Optimale bei der Konstruktion des R VI geleistet haben.« Von diesem Typ verließen 18 Stück die Hallen. Ende 1917 nahm der Bau von Riesenflugzeugen größeren

Umfang an. Im April 1918 schrieb Baumann: »... der ganze Luftschiffbau arbeitet jetzt nur für uns ...« Die zahlreichen Aufträge konnten von der eigenen Mannschaft nicht bewältigt werden und zwangen zu Lizenzvergaben. R XVI war dann 1918 der letzte Staakener R-Typ. Die Motorenleistung lag jetzt bei 1500 PS. In den Nachtangriffen gegen England seit September 1917 flogen bis zu sechs Staakener Riesenflugzeuge in einem Bomberverband.

Nach dem Krieg schien Alexander Baumanns Laufbahn als Flugzeugkonstrukteur beendet zu sein, denn nach dem Versailler Vertrag durften in Deutschland keine Flugzeuge mehr gebaut werden. Erst zum 1. Januar 1923 erhielt das Reich die Lufthoheit zurück. Baumann kehrte nach Stuttgart heim, um seine Lehrtätigkeit wieder aufzunehmen. Seine Forschungsarbeit fand ihren Niederschlag in zahlreichen Vorträgen und Aufsätzen. In einem der Referate sagte er (Ende 1919): »Im Wort Riesenflugzeug liegt an sich nur, daß es sich um ein Flugzeug handelt, dessen Abmessungen das übliche Ausmaß übersteigen, also außergewöhnlich sind. Was gestern außergewöhnlich war, kann aber morgen das Übliche sein.« Wie recht er hatte! 1921 schrieb er für die Jugend ein vielgefragtes Taschenbuch »Das Fliegen. Eine gemeinfaßliche Darstellung des Flugwesens«. Er wollte damit bei der nachwachsenden Generation in Deutschland den Luftfahrtgedanken wachhalten. Große Beachtung fand in Fachkreisen sein Vortrag über »Leichtbau« 1924, denn Baumanns Ausführungen waren für die deutschen Flugzeugbauer richtungsweisend.

Nachdem 1918 eines der deutschen Riesenflugzeuge in Frankreich zur Landung gezwungen worden war, konnte man in der Zeitschrift »La Guerre Aérienne« lesen: »Der Apparat wird gewiß keine Umwälzung in der Flugzeugindustrie bringen, aber er bedeutet eine neue Etappe in der Entwicklung des Flugwesens. ... Das Interesse, das wir diesem Apparat entgegenbringen, ist kein ausschließlich militärisches. Wir müssen auch an die Rolle denken, die das Flugzeug im kommenden Frieden spielen kann. ... Das Flugwesen ist dazu berufen, eine Entwicklung durchzumachen, die wir uns kaum vorzustellen wagen. Der Industrie bleibt es daher vorbehalten, Flugzeuge zu konstruieren, die dem einsetzenden interkontinentalen Verkehr gerecht zu werden vermögen.« Das erinnert an Hellmuth Hirth und seine

Idee vom Langstreckenluftverkehr. Nach dem Krieg befaßte man sich auch in Deutschland erneut und sehr intensiv mit dem interkontinentalen Luftverkehr. Baumann entwickelte dazu weitgehende Vorstellungen und schrieb damals: »Der Verkehr mit Riesenflugzeugen wird kommen, das ist für mich gar keine Frage, und er wird sich ... auf festen Routen abspielen. ... Ein ausgedehnter Verkehr mit Riesenflugzeugen setzt eine ziemliche Entwicklung und durchgebildete Organisation des Flugverkehrs an sich voraus.«

Im Jahre 1925 begab sich Alexander Baumann nach Japan. Er hatte von der Firma Mitsubishi Jukogyo Kabushiki Kaisha in Nagoya einen Zeitvertrag erhalten – im Flugzeugbau, versteht sich. Baumann baute dort drei Maschinen. Zuerst arbeitete er an einem von der japanischen Armee ausgeschriebenen leichten Bomber mit der Bezeichnung 2MB2 Washi, einem Anderthalbdecker, der wegen zu schwieriger Bauweise und zu hohen Herstellungskosten von den Militärs jedoch abgelehnt wurde. »Was mich am meisten freut«, hatte Baumann in dieser Zeit nach Deutschland geschrieben, »ist, daß die Maschine die erste ist, die von japanischen Ingenieuren nach meiner Anleitung konstruiert und berechnet ist ... Ich bin sicher, daß, wenn ich von hier fortgehe, die Leute ohne mich gute Maschinen bauen werden.« Die zweite Maschine war ein Aufklärungsflugzeug, 2MR1 Tobi, das nach einem Unfall zurückgewiesen wurde. Die dritte Maschine, ein Jagdeinsitzer mit der Bezeichnung 1MF2 Hayabusa und vom Chefkonstrukteur der Firma Shinshiro Nakata nach Baumanns Vorgaben entworfen, wurde erst nach dessen Rückkehr nach Deutschland fertig. Der Hochdecker überlebte die Probephase nicht: Bei einem angeordneten Sturzflug mit 400 km/h zerlegte sich die Maschine in der Luft in ihre Bestandteile und zerschellte schließlich am Boden, während der Pilot, so Nowarra, den ersten erfolgreichen Fallschirmabsprung aus einem abstürzenden Flugzeug in Japan absolvierte! Ein Trost?

Gegen Ende seiner japanischen Zeit erreichte Alexander Baumann die Mitteilung, daß die Technische Hochschule in Hannover ihn zum Dr.-Ing. e. h. ernannt hatte. Im Herbst 1927 kehrte er nach Deutschland zurück, wo er seine Frau Gertrud, geb. Vorweg, todkrank vorfand. Sie starb im folgenden Jahr, worauf Baumann zum Kettenraucher wurde und knapp zwei

Monate danach an akuter Nikotinvergiftung ebenfalls gestorben ist. Deprimierend für ihn scheint auch gewesen zu sein, daß er aus Japan keinerlei Nachricht über den Fortgang des Flugzeugbaus erhielt.

Als Alexander Baumann, der selber nie fliegen gelernt hat, starb, schrieb Rohrbach in seinem Nachruf: »Durch seinen Tod verliert die Luftfahrttechnik einen derjenigen, die von Anfang an für die Anwendung der normalen Methoden der Ingenieurkunst im Flugzeugbau gearbeitet haben. Besonders hierdurch hat er seine Erfolge errungen und der deutschen Luftfahrt einen sehr wertvollen und als Fundament weiterer Verbesserungen stets fortlebenden Dienst geleistet.«

Peter Bruckmann (1778–1850)

Empire in Silber und Serie
Peter Bruckmann

Wenn heute im Auktionshandel Erzeugnisse der Silberwarenfabrik Bruckmann unter den Hammer kommen, so wechseln sie in aller Regel den Besitzer nur zu beachtlichen Preisen. Das spricht für die hohe Qualität dieser Gegenstände, für deren Form und Technik namhafte Künstler verantwortlich zeichneten, aber auch für den guten Geschmack, von dem sich die Firmeneigner stets leiten ließen.

Peter Bruckmann (1778 bis 1850) war der erste, der Kunstgegenstände »fabrizierte«. Mit dem Prägen von auflötbaren Zierelementen hat er maschinelle Produktionsmittel in das Edelmetallgewerbe eingeführt und ihm den Weg gewiesen zur industriellen Fertigung von preiswertem Qualitätssilber, endlich zu Massenproduktion und Verbilligung. Es war dies eine revolutionäre technische Neuerung im damaligen Deutschland, ein innovativer Schritt in einer Zeit, in der die gediegene Handarbeit noch lange nicht allgemein von technischen Produktionsmitteln abgelöst wurde. So wirkte sein Unternehmen bahnbrechend. Daß bei der Einführung des neuen Produktionsverfahrens das französische Vorbild Pate stand, lag in dem dortigen technologischen Vorsprung begründet. Man kann im übrigen Peter Bruckmann getrost als den Gründer der deutschen Silberwarenindustrie ansprechen. Noch bis um 1830 durfte sich sein Unternehmen als einziges des Silberwarengewerbes in Deutschland als »Fabrik« bezeichnen. Mit der Übernahme von Bildhauern in sein Atelier gewannen seine Produkte künstlerische Reife. Es begann eine neue Epoche, in der die fabrikatorische Technik hinter die künstlerische Gestaltung zurücktrat, der die Firma in erster Linie ihr Ansehen und ihre Erfolge verdankte. Für sein gewerbliches wie künstlerisches Engagement wurde Peter Bruckmann posthum durch die Aufstellung seiner Büste unter den Meisterbildnissen im Landesgewerbemuseum in Stuttgart geehrt. »Seine Persönlichkeit war so stark«, schreibt Bruckmann-Biograph Kurt Erhard von Marchtaler, »daß sie Nachkommen und Nachfolger in seinem Werk zu immer neuem Schaffen und Leisten in veränderter, wechselnder Zeit und doch in seinem Geist befähigte.« Als er starb, widmete ihm sein Freund Justinus Kerner (1786 bis 1862), Arzt und Dichter im nahen Weinsberg, diese Abschiedsworte:

»Aus Morgengold, aus Mondes Silberstrahl
Schafft er Gebilde nun von Himmelsklarheit,
Trinkt aus der Sonne goldenem Pokal
Am Urborn alles Schönen – Licht und Wahrheit!«

Die Firma Bruckmann ist aus einem Handwerksbetrieb herausgewachsen. Peter Bruckmann erlernte den Beruf des Vaters, Johann Dietrich Bruckmann (1736 bis 1807), der Silberschmied war und am Marktplatz in Heilbronn kleinere Gebrauchsgegenstände herstellte, also handwerkliche Kleinkunst schuf. Nach seinen Lehrjahren bildete er sich in Wien, Paris und Genf weiter. In Paris konzentrierte sich zu jener Zeit das europäische Leben, hier gab es »eine Fülle von Eleganz, Geschmack und Reichtum ..., was alles gerade für das Handwerk eines Gold- und Silberschmiedes besonders wichtig war«, wie Marchtaler in seiner Bruckmann-Biographie 1948 bemerkt. 1805 übernahm Peter die väterliche Werkstatt und gründete zusammen mit dem Silberarbeiter Carl Seeger (1777 bis 1814) die Firma P. Bruckmann & Seeger, die nach dem Tod des Kompagnons in P. Bruckmann & Cie. umfirmierte. Aber die Unternehmungsgründung fiel in die schwere Zeit der napoleonischen Kriege, und die Jungunternehmer taten sich mit ihren Luxuswaren, die ein solches Handwerk nun einmal überwiegend herstellt, keinesfalls leicht. Die ersten verkauften Stücke waren, wie das älteste Bestellbuch ausweist, ein Punschlöffel und ein Paar Salzfässer.

Seit 1810 stellte Peter Bruckmann alle Zierteile für seine Waren im eigenen Unternehmen her, indem er mit selber geschnittenen Stempeln die Zierungen auf Handpressen prägte. Nur in Paris waren bisher jene entzückenden Empiremuster gefertigt worden, die auch bei den deutschen Käufern großen Gefallen fanden und für mehr als ein Jahrhundert in deren Gunst standen – und heute wieder stehen. Bruckmann wurde so vom

Altargeräte der Heilbronner Friedenskirche aus dem Hause Bruckmann

Gesamtansicht und Fassade der Firma Bruckmann in der Heilbronner Allerheiligengasse

Ausland unabhängig, zugleich führte er als erster in Deutschland, wenn auch noch in bescheidener Form, maschinelle Produktionsmittel in sein Gewerbe ein, das damit auf Expansion und Absatzsteigerung ausgerichtet war. Schon 1820 wurde eine größere Presse aufgestellt, vier Jahre später fanden seine geprägten Verzierungen auf der Kunst- und Industrie-Ausstellung in Stuttgart Aufmerksamkeit und Anerkennung. Die Firma Bruckmann verfügte jetzt bereits über einen ansehnlichen Kundenstamm.

Peter Bruckmann legte höchsten Wert auf künstlerische Qualität. »Sein feiner Geschmack und sein sicheres Können, verbunden mit einem lebendigen Kunst- und Schönheitsgefühl, befähigten ihn ... zu Leistungen, welche für die damalige Zeit zu den besten gehörten«, stellt Marchtaler fest. Das allein genügte ihm aber nicht, er brauchte künstlerisch tätige Mitarbeiter. Einen »überaus glücklichen Griff« tat er, wie Julius Hartmann 1895 im »Gewerbeblatt aus Württemberg« geschrieben hat, als er den Bildhauer Konrad Weitbrecht (1796 bis 1836) als Modelleur einstellte, denn für die »Reinigung des Geschmacks in der Metallindustrie unseres Landes« habe niemand so viel getan wie gerade er. Leider verließ dieser befähigte Mann, auf den zahlreiche Entwürfe jener Zeit zurückgingen und der sich bleibende Verdienste um den guten Ruf des aufstrebenden Unternehmens erworben hat, schon nach wenigen Jahren die Firma. Ihm sollten andere Künstler folgen, die ebenfalls ihr Bestes in ihre Arbeit einbrachten.

Im Jahre 1842 stiftete Peter Bruckmann 10 000 Gulden für eine Zeichen- und Modellierschule, von der er sich die Weckung künstlerischer Anlagen bei der Jugend versprach, natürlich mit Blick auf die benötigten Kräfte für seinen Betrieb. Später richtete die Firma selbst eine Fachschule zur gezielten Ausbildung tüchtigen Nachwuchses ein.

Die günstige Entwicklung des Betriebes hatte schon Ende der 20er Jahre einen Umzug in größere Räumlichkeiten in der Allerheiligengasse erforderlich gemacht. Hier konnte vor allem der Maschinenbestand erweitert werden. Der Aufwärtstrend ging auch nach Peter Bruckmanns Tod kontinuierlich weiter. Den künstlerischen Qualitätsansprüchen blieb man treu, obwohl gerade in künstlerisch-gestalterischer Hinsicht des wechselnden Zeitgeschmacks wegen manche Neuorientierung vonnöten war. Einen beispiellosen Aufstieg nahm das Unternehmen, das seit 1863 mit

P. Bruckmann & Söhne firmierte und 1922 Aktiengesellschaft wurde, nach der Reichsgründung: Es wuchs zur größten deutschen Silberwarenfabrik heran, wurde damit freilich auch zum »Massen«-Produzenten. Aber nur mit der gängigen Ware konnte man überhaupt leben. Schon 1864 war die maschinelle Besteckproduktion aufgenommen worden und mit ihr erstmals die Herstellung versilberter Ware. Bis zum Ende des 19. Jahrhunderts war die Expansion so gewaltig (1881 zählte man 360, 1904 nicht weniger als 730 Mitarbeiter), daß an der Lerchenstraße eine neue Fabrik gebaut werden mußte, die dann dem Luftangriff auf die Stadt am 4. Dezember 1944 fast vollständig zum Opfer fiel.

Von den Nachfahren Peter Bruckmanns verdient der Enkel Geheimer Hofrat Dr. h.c. Peter Bruckmann (1865 bis 1937) besondere Erwähnung. Er hat weit über die Firma Bruckmann hinaus in den wirtschaftlichen, politischen und gesellschaftlichen Bereich hinein gewirkt. Und hier, im öffentlichen Wirken, ist auch seine überragende Bedeutung zu suchen. Für die Entwicklung seiner Heimatstadt, deren Vertreter im Landtag er von 1915 bis 1933 gewesen ist, hat er Bedeutendes veranlaßt. Als Vorsitzender des Südwestdeutschen Kanalvereins trieb er die Kanalisierung des unteren Neckars und seinen Ausbau zur Großschiffahrtsstraße zielbewußt und entscheidend voran. Es war sein erklärtes Ziel, die heimische Industrie und Wirtschaft durch den Anschluß an das internationale Wasserstraßennetz zu stärken. Seine Vaterstadt ernannte den Politiker und Unternehmer deshalb 1926 zum Ehrenbürger. Durch sein parteipolitisches Engagement (er war Landesvorsitzender der Deutschen Demokratischen Partei) wirkte er sehr persönlich in die württembergische Landespolitik. Als Vorsitzender des Deutschen Werkbundes hatte er über viele Jahre hinweg einen hohen Qualitätsanspruch verfochten und einen leidenschaftlichen Kampf um die gute Form geführt. Damit wurde er zur »deutschen Gestalt«, wie Theodor Heuss sich einmal ausdrückte. Auch der Kunstszene war er vielfach verbunden, nicht zuletzt als Vorstand des Heilbronner Kunstvereins und »artistischer Vorstand« des Württembergischen Kunstgewerbevereins.

Als Repräsentant schwäbischen Kunstschaffens, so schreibt Marchtaler, habe die Firma Bruckmann nicht nur europäischen, sondern Weltruf erlangt. 1973 fand dieses einst blühende Unternehmen, das der schwierigen

Marktlage wegen in immer engere Verbindung mit der holländischen Besteckfirma N.V. Gerofabrik AG (Gero) in Zeist getreten war, ein unerwartetes und unverdientes Ende: Als Gero Vergleich anmelden mußte, führte das auch zum Konkurs der Firma Bruckmann, die damals rund 400 Mitarbeiter beschäftigte und noch 1972 ein neugebautes Werk in Neckarsulm bezogen hatte.

Mit der Erbswurst um die Welt
Carl Heinrich Knorr und seine Söhne Carl und Alfred

Weit mehr noch als Heinrich von Kleists »Käthchen von Heilbronn« haben die Suppenerzeugnisse der Firma Knorr den Namen dieser Stadt in alle Welt hinausgetragen. Kaum etwas anderes ist – weltweit gesehen – so eng mit dem Namen »Heilbronn« verbunden, wie die Produkte dieses Unternehmens, wenn auch mancher nicht wissen mag, wo auf dem Globus diese Stadt zu suchen ist.

Gründer und Namengeber der Firma C.H. Knorr war Carl Heinrich Knorr (1800 bis 1875), der 1838 hier eine Zichorienfabrik errichtet hat, welche die erste ihrer Art in Heilbronn gewesen ist. Mit seinen farblich nach Inhalt differenzierten Verpackungen für die Kaffeesurrogate gehörte Knorr zu den Pionieren des Markenartikelgeschäfts in Deutschland. Daneben handelte er mit Landesprodukten. Bis zu seinem Tod überwog dann auch der Handelscharakter der Firma. Die Aufnahme der Nahrungsmittelherstellung ging auf seine Söhne Carl und Alfred zurück, die aus dem bescheidenen Handelshaus ein Unternehmen von Weltgeltung geschaffen, Knorr zur Weltmarke gemacht haben. Ihre Idee, nach französischem Vorbild Suppenpräparate als Paketwaren auf den Markt zu bringen, war hierzulande ein Novum, mit dem der fabrikmäßige Betrieb aufgenommen wurde. Knorr verarbeitete jetzt selbst, was bisher nur gehandelt worden war – und das erforderte bei dem völligen Mangel an Erfahrung eine gehörige Portion Wagemut. Die Mischungen, wie die Firma sie anbot, »wurden von ihr in Deutschland zuerst in den Handel gebracht«, vermerkt eine Firmenfestschrift von 1898. Knorr brachte Fertiggerichte auf den Markt, die, in haushaltsüblichen Mengen verpackt, von gleichbleibender Qualität waren und sich als Markenartikel bleibend einführten. »Knorr« wurde zu einem Begriff, nicht nur in Heilbronn, Württemberg oder Deutschland, sondern weltweit. Es waren Suppen, die das Produktionspro-

Carl Heinrich Knorr (1800–1875)

gramm anführten, und sie sind auch heute die wichtigsten Produkte der Marke. Aber auch mit der Aufbereitung von Hafer für die menschliche Ernährung hat die Firma Knorr einen großen Schritt nach vorne getan – also jenes Getreides, das damals nur Pferdefutter war. Knorr wurde dabei aus eigener Initiative tätig und verwirklichte eine Idee, die er in Deutschland als erster hatte. Die Nahrungsmittelindustrie erlangte gerade in jener Zeit immer größere Bedeutung für die Volkswirtschaft. Vieles wäre damals ohne Justus von Liebigs (1803 bis 1873) bahnbrechende Erkenntnisse, wie Lebensmittel haltbar gemacht und neue Lebensmittel gewonnen werden können, nicht möglich gewesen. Für Knorr bot das agrarische Umland von Heilbronn eine wichtige Standortvoraussetzung.

Carl Heinrich Knorr stammte aus Meerdorf bei Braunschweig und kam als Handelsmann 1834 nach Heilbronn, wo er sich 1838 in zweiter Ehe mit Caroline, geb. Seyffardt (1806 bis 1867), verheiratete. Mit den 8 667 Gulden, welche die Eheleute in ihre Ehe einbrachten, legten sie den Grundstock für das zukünftige Unternehmen.

Am 29. August 1838 eröffnete Carl Heinrich Knorr in der Kramstraße in Heilbronn ein Spezereiwarengeschäft, in dem er Gemischtwaren verkaufte. Wenn man der vorliegenden Literatur Glauben schenkt, so betrieb er daneben auch damals schon den Handel mit Landesprodukten. Noch in demselben Jahr erhielt er die Konzession zur Errichtung einer Fabrik jenseits des Neckars, in der er aus der Zichorie Kaffeesurrogate herstellen wollte. Die Wurzel, geröstet und gemahlen, diente schon seit dem ausgehenden 18. Jahrhundert als Kaffeezusatz oder als Kaffeersatz. Nach Württemberg kam die Zichorie 1820, im Unterland führte Knorr sie ein. Das aus ihr hergestellte Kaffeesurrogat sollte im Verlauf der nächsten Jahrzehnte zu einem Volksgenußmittel werden. Knorr animierte die Bauern der Umgebung zum Anbau der Zichorie für sein Unternehmen und erschloß jenen damit eine neue Einnahmequelle. Boden und Klima des Heilbronner Raumes waren für den Zichorienanbau bestens geeignet. Im Jahre 1844 erzielte Knorr einen Jahresumsatz von 25 000 Gulden, eine durchaus beachtliche Summe.

Einem »Preis-Courant« von 1846 ist zu ersehen, daß die Firma damals eine Vielzahl von »Kaffeesorten« aus Zichorie, Eicheln und Mandeln anbot,

Knorr-Fuhrpark im Jahre 1905

Knorr-Werbung von 1902

und zwar nach Qualitätsstufen in verschiedenfarbigen Abpackungen und in unterschiedlichen Preislagen. Knorr machte seinen mit den Erzeugnissen verbundenen Namen damit zum Markenartikel – einem der ältesten in Deutschland. Seine Ware wurde im benachbarten »Ausland« ebenso vertrieben wie in Württemberg selbst. Im Jahre 1852 etablierte sich in Heilbronn dann mit der Kaffeesurrogatfirma Schmitt & Seelig ein sich rasch entwickelndes Konkurrenzunternehmen (Seelig war später nach Franck-Ludwigsburg die zweitgrößte Ersatzkaffee-Fabrik in Württemberg). Im Jahre 1855 verkaufte Carl Heinrich seine Fabrik, in der zuletzt 53 Arbeiter beschäftigt waren, an August Closs (1826 bis 1887) aus Winnenden. Besondere Gründe für den Verkauf lassen sich nicht nennen, die örtliche Konkurrenz jedenfalls kann nicht Veranlassung gegeben haben.

Nur als Zwischenspiel zu sehen ist, daß Carl Heinrich Knorr seit 1856 auf der Neckarinsel Hefenweiler eine Tuchfabrik mit Spinnerei, Appretur und Walkerei einrichtete, denn schon 1858 mußte er das Unternehmen unter dem Druck seines Hauptgläubigers wieder aufgeben. Danach wandte er sich verstärkt dem Großhandel zu, vornehmlich mit Landesprodukten. Im städtischen Adreßbuch 1862 ist er deshalb als Agent mit Landesprodukten geführt. Knorr dörrte auch Obst, vor allem Birnen, und hatte damit regen Absatz. Sein Dörrobst exportierte er später bis nach Ungarn.

Im Jahre 1866 trat Knorrs ältester Sohn Carl (1843 bis 1921) in das Geschäft ein, 1870 der zweitälteste, Alfred (1846 bis 1895). Beide waren mit der Überzeugung, daß industriell hergestellte Nahrungsmittel einen aufnahmebereiten Markt finden würden, von Auslandsaufenthalten nach Heilbronn zurückgekehrt. Carl hatte zudem in Epicerien in Frankreich vom Hersteller abgepackte Erzeugnisse in 1/4 kg-Portionen, also ausgesprochenen Markenartikelpackungen, kennengelernt, und zwar aus besten Rohstoffen und Gewürzen hergestellte Suppenpräparate. Es waren fraglos Produkte der Pariser Firma Groult & Co., die ihm die Anregung für die eigene Zukunft gaben. Das französische Verfahren zu übernehmen und auszubauen, d. h. die bisher nur gehandelten Artikel selbst zu verarbeiten und abzusetzen, dafür bot der allgemeine Wirtschaftsaufschwung nach dem 70er-Krieg günstige Voraussetzungen. So ging man im väterlichen Geschäft in den frühen Jahren dieses Dezenniums in bescheidenem

Gemüseverarbeitung bei Knorr

Umfang zur fabrikmäßigen Herstellung präparierter Suppenmehle aus Hülsenfrüchten und anderem über und brachte diese, in kleinen Mengen verpackt, unter der Schutzmarke »Bienenkorb« auf den Markt. Etwa 1873 begann man, Hülsenfruchtmehl mit getrockneten und gemahlenen Gemüsen und Gewürzen zu Fertiggerichten zu mischen. Die Herstellung solcher Suppenpräparate befand sich allerdings noch im Versuchsstadium, als 1875 der Vater starb und das Unternehmen an die Söhne überging.

Carl Heinrich Knorrs Betrieb befand sich seit den späten 60er Jahren an der Inneren Rosenbergstraße, wo 1877 sechs Mädchen damit beschäftigt waren, von Hand die »Bienenkorb«-Pakete mit den diversen Mehlen zu füllen. Wegen der dort ungünstigen räumlichen Situation und unzulänglicher maschineller Ausstattung entstand seit 1884 an der südlichen Peripherie der Stadt eine neue Fabrik mit modernsten Produktionseinrichtungen. Sie zog kontinuierlich bauliche wie fabrikationstechnische Erweiterungen nach sich. Dies war der Anfang jenes Fabrikkomplexes, wie man ihn – auch von gefälligen Brief- und Rechnungsköpfen her – bis 1944 kannte. Als der damals schon beträchtliche Absatz in die Schweiz und nach Österreich durch die Erhöhung der Einfuhrzölle litt, wurden 1885 in beiden Ländern eigene Abpackbetriebe eingerichtet (und später zu Produktionsstätten ausgebaut).

Zurück zu den schmack- und nahrhaften Suppen, die stets zu mäßigen Preisen angeboten wurden. Schon 1875 firmierte man bei Knorr auch mit »Fabrik von Suppenstoffen«. Ein Verkaufsschlager war die 1882 auf den Markt gebrachte »Victoria-Patent-Sparsuppe«. Ein »Preis-Courant« von 1886 zeigt ein breites Sortiment an Produkten. Wichtigste Neuheit waren in Tafelform gepreßte Suppen. Nach den Suppentafeln kamen 1897 Suppentabletten und 1910 schließlich die bekannten Suppenwürfel. Einen weiteren Marktstein in der Geschichte des Unternehmens bildete 1889 die Kreation der Knorr-Erbswurst, »ein Artikel, der in späteren Jahrzehnten den Namen Knorr bevorzugt um den ganzen Erdball tragen sollte«, wie Alexander Knorr in seiner Chronik des Unternehmens schreibt, und der ihn wie kein anderer populär gemacht hat.

Im Jahre 1878 war von Knorr auch die Herstellung von Haferprodukten aufgenommen worden. Der hohe Nährwert des Hafers wurde durch eine äußerst subtile Verarbeitung erhalten. Als »bestes Kindernahrungsmittel« empfahl die Firma Hafermehl, das eine beispiellose Verbreitung fand. Haferflocken kamen 1891 auf den Markt, ein Produkt, welches das Image des Unternehmens wesentlich mitgeprägt hat. Das ebenfalls 1878 in die Produktionspalette aufgenommene Dörrgemüse, das sein Vorbild in der sogenannten Franzosensuppe »Julienne« hatte, bedurfte besonders ausgewählter Gemüsepflanzen. Deshalb legte die Firma einen eigenen Mustergarten an, aus dem Sämereien und Setzlinge an Landwirte abgegeben wurden, die für Knorr in großem Umfang Gemüse anzubauen bereit waren. Noch ausgangs der 70er Jahre waren solche als Präserven (Halbkonserven) bezeichneten Suppenkonzentrate nur von der genannten Firma Groult & Co. hergestellt worden. Die Präservierung sicherte den Gemüsen in luftdicht abgeschlossenen Büchsen auch bei extremen Klimaverhältnissen lange Haltbarkeit. Präserven waren insbesondere in den überseeischen Gebieten stark gefragt. Auf der Heilbronner Industrie-, Gewerbe- und Kunstausstellung 1897 zeigte die Firma Knorr als besondere Attraktion einen Gemüse-Würfel mit einem Volumen von einem Kubikmeter, der aus gepreßter Julienne bestand, also aus getrockneten Gemüsen. Zur Herstellung dieses Würfels waren rund 17 000 kg frisches Gemüse erforderlich gewesen, welche getrocknet gerade noch 1 200 kg wogen. Dieses Quantum genügte aber für 71 000 Portionen Suppe. 1891 wurde mit der Eigenfabrikation von Teigwaren begonnen, in den Jahren 1911/12 baute Knorr in Heilbronn die größte Makkaronifabrik der Welt. Zu erwähnen ist noch die seit 1908 hergestellte »Knorr-Sos«, ein Würzmittel mit einem Hahn als Fabrikmarke.

Seit den 80er Jahren entwickelte sich das Unternehmen Knorr zu einem der größten Arbeitgeber Heilbronns und zur »ersten und bedeutendsten Nahrungsmittelfabrik Württembergs«, wie Franz C. Huber in seiner Handelskammern-Festschrift schon 1910 festgestellt hat. Im Jahre 1899, als die Arbeiterzahl sich um die 600 bewegte, wurde die Firma Knorr in eine Aktiengesellschaft umgewandelt. Ausschlaggebend für diesen Schritt war nicht zuletzt, daß die Kapitaldecke des Unternehmens für die anstehende und dringliche Betriebserweiterung nicht hinreichte. Das Werk firmierte von da an mit C.H. Knorr AG, Heilbronn. Damit war der Familienbetrieb aufgegeben. Carl Knorr – Alfred war bereits gestorben – saß nun vorwiegend im Aufsichtsrat, das eigentliche Management lag in anderen Händen. Im Jahre 1899 erhielt er den Titel Kommerzienrat verliehen.

Seit dem Anfang des 20. Jahrhunderts – das in jener Phase der Hochindustrialisierung mit einer stürmischen, bisher nicht gekannten wirtschaftlichen Aufwärtsentwicklung begann – baute die C.H. Knorr AG ihre vorhandenen Märkte im In- und Ausland aus und erschloß sich neue. Mit rund 1 000 Mitarbeitern entwickelte sich das Unternehmen bis zum Beginn des Ersten Weltkrieges zu einem sogenannten »Riesenbetrieb«, dem ersten in Heilbronn. 1938 zählte die C.H. Knorr AG 3 000 Mitarbeiter. Im Zweiten Weltkrieg sind die Werksanlagen der Firma bei Luftangriffen 1944 zu über 50 Prozent zerstört und die Ruinen 1945 beim Vorrücken der Amerikaner heftig umkämpft worden. Im Jahre 1959 übernahm die Deutsche Maizena Werke GmbH in Hamburg, eine Tochtergesellschaft des US-Konzerns Corn Products Company (heute: CPC International), mit der Aktienmehrheit die Firma Knorr. Für die Marke Knorr bedeutete dies den Beginn einer neuen Blütezeit. 1987 ist der Firmensitz der Maizena Gesellschaft mbH von Hamburg nach Heilbronn verlegt worden. Knorr, eine der größten Sortimentsmarken der Welt und in einem halben Hundert Länder vertreten, ist damit zum »Herz« von Maizena und heute der CPC Deutschland GmbH geworden.

Die Stadt auf Salz gebaut
Theodor Lichtenberger

Daß unter dem Boden Heilbronns das »weiße Gold« Salz in fast unendlicher Fülle lagert, ist erst seit dem ausgehenden 19. Jahrhundert bekannt, und die Lagerstätte ist auch erst seit damals erschlossen. Zuvor hatte das lebenswichtige Mineral eingeführt werden müssen. Dabei war man durch natürliche Solequellen ganz in den Nähe schon seit der Mitte des 18. Jahrhunderts auf den Salzgrund aufmerksam geworden, und bei Jagstfeld war im frühen 19. Jahrhundert die erste erfolgreiche Bohrung auf Salz durchgeführt und von der staatlichen Saline »Friedrichshall« ein Schacht abgeteuft worden. Heilbronn zog daraus aber noch lange nicht die an sich naheliegende Konsequenz, nämlich auch nach Salz zu bohren.

Die Erschließung der Heilbronner Salzvorkommen ist allein dem Drängen des Fabrikanten Theodor Lichtenberger (1844 bis 1909) zu verdanken, in dessen Persönlichkeit, wie Ernst Jäckh in seiner Geschichte des Salzwerks Heilbronn 1908 schreibt, sich »weitsichtige Energie, tatkräftige Initiative, nimmermüde Organisationskraft und uneigennütziger Unternehmungsgeist« vereinigten. Er hat als erster das riesige, von Heilbronn bis zum badischen Odenwald reichende Salzbecken in Erwägung gezogen und die Stadt zu Bohrungen gedrängt. Es war sein Verdienst, daß Heilbronn im »Wettlauf« mit anderen Interessenten in den Besitz jener Bergrechte gelangt ist, die ihm den Abbau des »eigenen« Bodenschatzes sicherten. In wirtschaftlicher Weitsicht hat er als »Seele dieses großen Werks«, so Jäckh, auch die Gründung einer Aktiengesellschaft Salzwerk Heilbronn veranlaßt und konsequent vorangetrieben. Für die wirtschaftliche Entwicklung der Stadt war das ein bedeutsamer Schritt, eine wahre »Sternstunde«. Der Salzreichtum löste eine »industrielle Revolution« aus, wie Günther Beck in seiner Wimpfener Salinenpublikation 1981 treffend ausführt. Lichtenbergers unermüdliches Wirken galt aber auch danach

Theodor Lichtenberger (1844–1909)

»seinem« Salzwerk, das er in eine vorrangige Stellung innerhalb der europäischen Salzproduktion geführt hat.

Theodor Lichtenberger stammte aus Ludwigshafen, war Chemiker und erwarb 1864 zusammen mit einem Bruder in Heilbronn die chemische Fabrik Reuß & Söhne, welche er bis 1883 als Firma Gebrüder Lichtenberger führte. Aus ihr ist die Gelatinefabrik Koepf & Söhne (heute: Agfa-Gevaert AG, Gelatinefabrik Heilbronn) hervorgegangen. Lichtenberger hat 1867 das Heilbronner Bürgerrecht erworben, von 1878 bis 1886 gehörte er dem Bürgerausschuß bzw. dem Gemeinderat an.

Mit einer Denkschrift an den Stadtvorstand gab Theodor Lichtenberger 1880 den Anstoß zu den städtischen Salzbohrungen, die im folgenden Jahr begonnen wurden. Beredt wies er auf die Wichtigkeit eigener städtischer Bohrungen hin und auf die Notwendigkeit, Bergwerkseigentum zu erwerben. 1879 hatte der Verein chemischer Fabriken in Mannheim auf seinem Neckargartacher Firmengelände dicht an der Markungsgrenze zu Heilbronn Salz erbohrt. Sein Grubenfeld reichte bis unter das künftige Heilbronner Industriegebiet »Kleinäulein« im Norden der Stadt. Um »unterirdische Unterwühlung« der Heilbronner Markung »durch fremde Nachbarschaft« zu verhindern, nicht etwa »um selbst Salz auszubeuten«, drängte Lichtenberger zum Erwerb eigenen städtischen Bergwerkseigentums, wie Jäckh feststellte. Und auch nur unter diesem Gesichtspunkt stimmte der Stadtrat dem Vorhaben zu. Man befürchtete durch Unterminierung nicht zuletzt Oberflächenveränderungen bzw. Geländesenkungen. Da das Salz in Württemberg damals ein bergfreies Mineral gewesen ist, fiel das Bergwerkseigentum demjenigen zu, der als erster fündig wurde. Also mußte man schnell und erfolgreich Bohrungen niederbringen und den Antrag auf Erteilung des Abbaurechts stellen, um mit dem Erwerb von städtischem Bergwerkseigentum fremde Interessen abzuwehren.

Die Gefahr, daß der »eigene« Bodenschatz von anderer Seite ausgebeutet werden würde, vergrößerte sich, als der Staat (Saline Friedrichshall) 1881 auf Neckarsulmer Markung nahe der Grenze zu Heilbronn zu bohren begann. Jetzt war für Heilbronn Eile geboten! Eine erste städtische Bohrung stieß am 1. Juli 1881 in 167,5 m Tiefe auf Salz in einer Mächtigkeit von 11,7 m. Von den weiteren Bohrungen, die ein »Wettlauf« der Konkurrenten gewesen sind (»... wenn die jetzige Zeit verpaßt werde«, so hieß es damals auf dem Rathaus, »sei die Sache für ewige Zeiten verloren!«), veranlaßte Lichtenberger zwei auf seine Rechnung, aber zugunsten der Stadtgemeinde. Das durch eigene Bohrungen erworbene und durch Ankauf abgerundete Bergwerkseigentum der Stadt von schließlich acht Maximalfeldern umfaßte 16 Millionen m^2, eine Fläche, die weit über die Heilbronner Markung hinausreichte. Es liegt nach Jäckh »mitten im quantitativ wie qualitativ besten Zentrum des gesamten württembergischen Salzsees« und enthält bei ca. 40 m Mächtigkeit 640 Millionen m^3 Salz – eine enorme Menge. Die Gefahr des »Ausverkaufs« des Heilbronner Bodenschatzes und der Ausbeutung durch fremde Interessenten war ein für allemal gebannt!

Inzwischen war man in Heilbronn zu der Überzeugung gelangt, den unerschöpflich scheinenden Reichtum doch durch bergmännischen Abbau nutzen zu sollen. Die ursprüngliche Intention war ja eine nur »defensive« gewesen. Die Mächtigkeit des entdeckten Salzlagers motivierte zum Umdenken, verfügte Heilbronn mit der Erschließung doch über eine wertvolle, gefragte Rohstoffbasis. Die Nutzung des Salzlagers wollte die Stadt allerdings privater Initiative überlassen. Die Finanzierung des zu errichtenden Bergwerks sicherte ein Kapitalkonsortium auswärtiger Banken. Das Heilbronner Kapital »wagte sich ... noch nicht an den finanziellen Aus- und Überbau dieses Salzgrundes«, stellte Jäckh lakonisch fest, der »Gründermut zur Ausbeute der Salzmutung« mußte von auswärts kommen! Die Stadt sollte für ihren Bohraufwand mit 100 000 Mark bar entschädigt, von jedem Risiko freigestellt und am Reingewinn beteiligt werden. Am 16. November 1883 konstituierte sich die Aktiengesellschaft Salzwerk Heilbronn, der die Stadt ihr Bergwerkseigentum auf einen Zeitraum von 99 Jahren übertrug. Danach sollte es entschädigungslos an sie zurückfallen. Vorsitzender des Aufsichtsrates wurde Geheimer Kommerzienrat Kilian von Steiner (1833 bis 1903), ein Mann von großer Tatkraft und ein unermüdlicher Förderer des württembergischen Handels und der Industrie. Theodor Lichtenberger wurde in den Vorstand gewählt und übernahm die Gesamtleitung des Werks. Bei seiner Vertragserneuerung 1901 erhielt er den Titel Generaldirektor, worin sich höchste Anerkennung ausdrückte. Die Statuten nannten als Zweck des Unternehmens: Erwerb, Betrieb,

Ausbeute und Verwertung des gesamten in den Oberämtern Heilbronn und Neckarsulm gelegenen Bergwerkseigentums der Stadt Heilbronn.

Das Heilbronner Salzwerk war das einzige private Unternehmen dieser Art in Württemberg, alle anderen Salinen im Land waren staatlich. Heilbronn war vom Glück begünstigt, denn 1868 hatte die württembergische Regierung das im Jahre 1807 eingeführte staatliche Salzmonopol aufgehoben, was die Bildung von privatem Bergwerkseigentum ermöglichte. Im Jahre 1906 wurde der Salzabbau aber wieder staatliches Monopol. Ausgenommen blieb nur bereits verliehenes privates Bergwerkseigentum, und dazu zählte auch das städtische. Die »Gunst der Stunde« hatte also Heilbronn einen unermeßlichen »Schatz« zugespielt!

Sofort nach der Gründung der Aktiengesellschaft ging man an den Bau der Werksanlagen. Am 2. April 1884 wurde mit dem Abteufen des am Ende 214 m tiefen Schachtes begonnen, am 4. Dezember 1885, dem Barbaratag der Bergleute, startete die Salzförderung. Mit dem 1. Juli 1887 begann das erste Betriebsjahr des Unternehmens, in dem bereits 69 500 Tonnen Stein- und 25 000 Tonnen Kochsalz abgesetzt werden konnten. »Schnell, gut und billig wurde gebaut, meist durch die einheimische Industrie des württembergischen Gewerbes«, hat Jäckh herausgefunden, aber auch plan- und zweckmäßig, so daß später nur wenige Veränderungen an den Anlagen nötig wurden.

Eine der wichtigsten Aufgaben von Theodor Lichtenberger war es, Absatzmöglichkeiten für das geförderte Salz zu erschließen. Chemische Fabriken gehörten mit zu den ersten Abnehmern dieses Basisrohstoffes. Da der neue Salzproduzent sofort althergebrachte Marktverhältnisse störte, stand ihm unausweichlich Ärger ins Haus. Deshalb mußten vorrangig mit der etablierten deutschen Salzindustrie Markt- und Preisverständigungen gesucht und gefunden werden. Syndikatartige Absprachen zur Ordnung und Aufteilung des Marktes wurden getroffen und hatten zum Teil lange Gültigkeit. Gemeinschaftsverträge mit den benachbarten staatlichen Salinen bildeten die Grundlage für ein anhaltend gutes Verhältnis. Der Versand des »weißen Goldes« geschah per Bahn und zu Wasser, das Absatzgebiet für Steinsalz wie für Kochsalz umfaßte Deutschland und das benachbarte Ausland. Dem Export nach Holland kam besondere Bedeutung zu, konnten die dortigen Salzsiedereien doch kostengünstig auf dem Wasserweg mit Rohsalz versorgt werden. Im Jahre 1908 war das Salzwerk der größte Steuerzahler der Stadt. Die damals noch junge Vergangenheit des Unternehmens sei eine »selten glänzende Entwicklung« gewesen, stellte Jäckh am Schluß seiner Geschichte fest, und: »Die glückliche Gegenwart verspricht eine segensreiche Zukunft.«

Theodor Lichtenberger verkörperte in bestechender Weise »die Einheit und die Kontinuität« des Unternehmens durch eine ganze Generation hindurch, sein Name ist mit dem ersten Zeitabschnitt des Salzwerks aufs engste verbunden. Wie sehr seine Kenntnisse und Erfahrungen auch außerhalb Heilbronns geschätzt und gesucht wurden, mag seine Berufung zum Vorsitzenden des Süddeutschen Salinenvereins belegen. Reiche Ehrungen wurden ihm anläßlich des 25jährigen Firmenjubiläums 1908 zuteil. Schon 1897 war ihm der Titel Kommerzienrat verliehen worden, 1907 jener eines Geheimen Kommerzienrates. Theodor Lichtenberger, ein Mann von allzeit gewinnender Freundlichkeit, war stets auch zu persönlichen Opfern bereit, wenn es um öffentliche Interessen, um das Gemeinwohl ging. Um die Stadt Heilbronn hat er sich in hohem Maße verdient gemacht. Der Gemeinderat benannte ihm zu Ehren 1908, also noch zu seiner Lebenszeit, die Lichtenbergerstraße unweit des von ihm initiierten Salzwerks.

Sein wirtschaftlicher Weitblick und seine Tatkraft trieben Lichtenberger freilich noch zu weiteren gewerblich-industriellen Unternehmungen. An der Gründung der Dampfziegelei Heilbronn-Neckargartach war er ebenso maßgeblich beteiligt wie an jener der Heilbronner Straßenbahn, um nur zwei Beispiele zu nennen. Auch kulturell war er in hohem Maße engagiert, ein allzeit »tatkräftiger Förderer des musikalischen und gesellschaftlichen Lebens unserer Stadt«, wie in einem Zeitungsnachruf von 1909 zu lesen ist. Über viele Jahre bekleidete er die Vorstandschaft des renommierten Heilbronner Singkranzes.

Etwa in der Zeit, als Theodor Lichtenberger starb, begann die zweite Entwicklungsphase des Salzwerks, die Periode der Expansion, die durch zahlreiche Beteiligungen gekennzeichnet ist. Nach der Mitte der 20er Jahre, in jener außerordentlich schwierigen wirtschaftlichen Krisenzeit, nahm schließlich die dritte Entwicklungsphase ihren Anfang. Es waren Jahre der Konsolidierung und Konzentration. Fast alle nicht betriebsnotwendigen Beteiligungen wurden aufgegeben, der Schwerpunkt der Tätigkeit wieder ganz auf die Salzförderung gelegt. Mit der Fertigstellung des Neckarkanals von Mannheim nach Heilbronn 1935 konnte der Fluß nun als Großschiffahrtsstraße endlich auch von Rheinschiffen befahren werden. Dem Salzwerk Heilbronn kam das höchst gelegen, denn für den Salzversand verbanden sich damit erhebliche Transporterleichterungen und Wettbewerbsvorteile. Am Ende des Zweiten Weltkrieges wurden beinahe alle Betriebsanlagen über Tage zerstört, der Wiederaufbau nach Kriegsende aber umgehend aufgenommen. 1967 wurde die 1922 im Anschluß an das Werksgelände als nächste Produktionsstufe gegründete Glashütte Heilbronn AG, die einen Teil des geförderten Salzes verarbeitete, an die Gerresheimer Glashüttenwerke verkauft. Im Jahre 1970 trafen die Stadt Heilbronn und das Salzwerk eine Vereinbarung über die Ablösung des Rückfallrechtes, 1971 fusionierten die Salzwerk Heilbronn AG und die Südwestdeutsche Salz AG Bad Friedrichshall zur Südwestdeutschen Salzwerke AG (SWS), womit die Gründergesellschaften endeten. Zu diesem Zeitpunkt waren in beiden Werken rund 700 Mitarbeiter beschäftigt. Das neue Unternehmen förderte fast ein Drittel der gesamten bundesdeutschen Salzproduktion. Der Vertrieb wurde der Tochtergesellschaft Südwestsalz-Vertriebs-GmbH in Bad Friedrichshall übertragen. In dem zwischenzeitlich für den Abbau stillgelegten Werk in Kochendorf werden seit 1987 Rückstände aus der Rauchgasreinigung von Müllverbrennungsanlagen eingelagert. 1992 wurden die im Umwelt- und Entsorgungsbereich angebotenen Dienstleistungen in der UEV-Umwelt, Entsorgung und Verwertung GmbH zusammengefaßt.

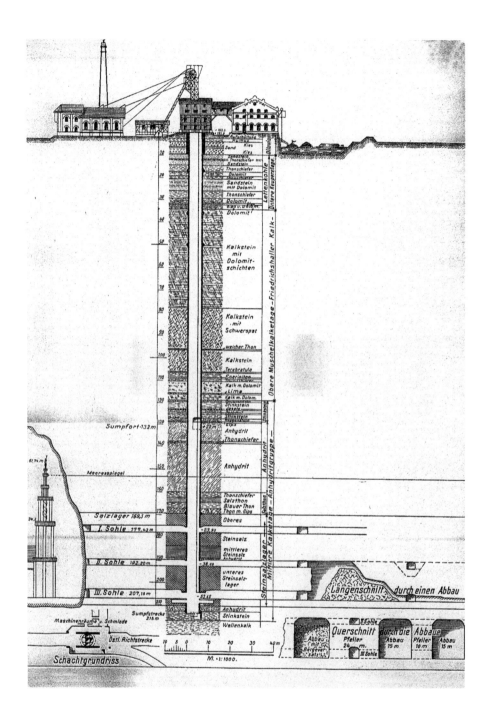

Schnitt durch Schacht und Salzstollen

König der Konstrukteure
Wilhelm Maybach

Am 20. März 1856 erschien im »Stuttgarter Anzeiger« ein Aufruf »an edle Menschenfreunde« zur Spende von Liebesgaben für fünf vater- und mutterlose Knaben, die »gar keine Mittel zu ihrer Erhaltung« haben. Die Mutter dieser Waisen, so ist dort weiter zu lesen, sei vor drei Jahren gestorben, der Vater habe kürzlich den Tod in einem See gefunden. Unter den Brüdern befand sich zehnjährig auch Wilhelm Maybach, der später als einer der bedeutendsten Konstrukteure in die Geschichte des Automobilismus eingehen sollte – ein großer Sohn Heilbronns.

Harry Niemann schreibt in seinem Maybach-Buch 1995, die Keimzellen der weltweiten Automobilproduktion seien in Stuttgart und Mannheim zu suchen, also bei Gottlieb Daimler (1834 bis 1900) und Wilhelm Maybach (1846 bis 1929) sowie bei Carl Benz (1844 bis 1929). Daimler hatte das Ziel, den schweren stationären Viertakt-Gasmotor Ottos zum leichten schnelllaufenden Benzinmotor umzubauen und ihn zum Antrieb von Fahrzeugen zu verwenden, Maybach realisierte diese Idee. Er war der überragende, geniale Konstrukteur. Der Bau dieses Motors bildete, so Kurt Rathke in seiner Maybach-Biographie, den Auftakt »zu einem der epochalsten Ereignisse in der Geschichte der Technik und der modernen Menschheit«. Nicht von ungefähr also wurde Maybach auf dem Automobilsalon in Paris 1902 mit dem ehrenden Titel »König der Konstrukteure« bedacht und vom »New York Herald« als »Vater des Automobilismus« bezeichnet. Es war ja ebenfalls Maybachs Verdienst, dem Automobil genannten neuen mechanischen Fahrzeug mit den bekannten Merkmalen des modernen Kraftwagens das typische Aussehen, sein »Gesicht« gegeben zu haben. Sein größter Erfolg war unzweifelhaft der »Mercedes«. Maybach setzte Akzente und gab Impulse, selbst noch für die technologische Entwicklung unserer Zeit. Seinen Anteil an der Motorisierung zu Lande, zu Wasser und in der Luft

Wilhelm Maybach (1846–1929)

hat nicht zuletzt auch das Deutsche Museum in München gewürdigt, indem es 1965 ein Porträtrelief Maybachs in den vielbesuchten Ehrensaal aufnahm.

Wilhelm Maybach wurde in Heilbronn geboren. Der Vater, Carl Maybach (1813 bis 1856), war Schreinermeister und 1843 von Löwenstein in die Stadt gekommen. Er war verheiratet mit Luise Barbara, geborene Dannwolf (1814 bis 1854), aus Böblingen. In der desolaten Wirtschaftssituation um die Mitte des Jahrhunderts zog die Familie 1851 nach Stuttgart. Die Mutter starb 1854, 1856 ertrank der Vater. Es ist anzunehmen, daß er den Freitod wählte.

Auf die genannte Anzeige hin fand Wilhelm Unterkunft im Wernerschen Bruderhaus in Reutlingen. Gustav Werner (1809 bis 1887) war von Haus aus evangelischer Theologe, durch seine sozial engagierten Predigten aber in Konflikt mit der Kirche geraten und hatte seine seelsorgerische Tätigkeit aufgegeben. Seine Bestrebungen, den »drohenden Gefahren des Kommunismus und Sozialismus« mit christlichem Gemeingeist zu begegnen, führten zur Einrichtung des Reutlinger Hauses, der karitativ-gewerblichen Wernerschen Anstalten. Als Werner 1851 in Heilbronn »das Gebaren eines Sektierers« nachgesagt wurde, erinnerte im »Heilbronner Tagblatt« ein namentlich nicht Genannter die Übelredner daran, daß dieser Mann in seiner Anstalt die »ärmsten, verwahrlosesten« Kinder, meist Waisen, »erzieht, kleidet und nährt, ihre Herzen mit der Liebe zum höchsten Wesen und zugleich mit dem Triebe zur Arbeit zu erfüllen strebt und so an fremden Kindern die Pflichten des Vaters übernimmt«. Von diesem Mann also wurde Wilhelm Maybach nach Reutlingen geholt und im Bruderhaus aufs Leben vorbereitet. Gustav Werner ließ ihn in der hauseigenen Maschinenfabrik zum technischen Zeichner ausbilden. Hier erwarb Maybach sich jenes grundlegende technische Wissen, welches ihn zu seinem späteren genialen Schaffen befähigte. Als 1865 Gottlieb Daimler in die Maschinenfabrik eintrat und auf ihn aufmerksam wurde, sollte diese Begegnung für beide Männer zu einer schicksalhaften Symbiose werden: Dem fortan auf Gedeih und Verderb verbundenen Gespann blieb es vorbehalten, Kultur und Zivilisation durch die Motorisierung nachhaltig zu verändern.

Ausgangs der 60er Jahre ging Daimler zur Maschinenbau-Gesellschaft Karlsruhe, Maybach folgte ihm, und er begleitete ihn auch 1872, als Daimler zur Gasmotorenfabrik Deutz wechselte, wo Maybach als Chefkonstrukteur tätig wurde. Hier kamen beide erstmals mit Motoren in Berührung. Aus der atmosphärischen Gasmaschine von Nikolaus Otto (1832 bis 1891) und Eugen Langen (1833 bis 1895), welche der erste wirtschaftlich arbeitende Verbrennungsmotor überhaupt gewesen ist, entwickelte Maybach eine sogenannte Petrolmaschine. Um die Jahreswende 1875/76 war der »erste betrieblich brauchbare Benzinmotor« fertig, schreibt Ottos Biograph Arnold Langen, »ein schöner Erfolg, auf den Maybach stolz sein konnte«. Der Petrolmotor war jedoch nicht die Sensation dieser Jahre, sondern der Viertaktmotor von Otto, mit dem 1876 die Form des Verbrennungsmotors schlechthin gefunden und die Grundlage für den gesamten künftigen Motorenbau geschaffen war. Maybach hat ihn für die Serienfertigung überarbeitet. Auf der Weltausstellung 1878 in Paris erregte der »Otto-Silent«, wie er wegen seines geräuscharmen Laufs genannt wurde, großes Aufsehen.

Gottlieb Daimlers primäre Aufgabe in Deutz war es, den Betrieb auf Serienfabrikation umzustellen. Weil der eigensinnige Schwabe jedoch mit Otto nicht auskam, ihn gar einen Dilettanten nannte, wurde ihm 1881 gekündigt, worauf er sich in Cannstatt selbständig machte. Daimler trug sich mit dem Gedanken, einen leichten schnellaufenden Benzinmotor zu schaffen, der in jedes Fahrzeug eingebaut werden konnte. Die bisherigen Motoren waren ja ausschließlich stationäre Maschinen. Maybach, der in Deutz eine bemerkenswerte berufliche Profilierung erfahren hatte und sich zu dem großen Motorenkonstrukteur entwickelte, als der er später dasteht, folgte Daimler. Seine Entscheidung, nach Cannstatt zu gehen, war von zukunftsträchtiger Bedeutung. Im Herbst 1882 begann im Gewächshaus der Daimlerschen Villa die gemeinsame Arbeit. Schon Ende 1883 lief der erste Versuchsmotor, 1885 konnte ein solch schnellaufender Benzinmotor in einen sogenannten »Reitwagen« eingebaut werden. Es war ein Einzylinder-Motor, der eine Leistung von 0,5 PS brachte. Der »Reitwagen« war nichts anderes als das erste Motorrad der Welt. Damit war der Grundstein für den Einbau von Motoren in Fahrzeuge gelegt. 1886 bewegte ein

1,5 PS-Motor die erste Motorkutsche, im folgenden Jahr wurde auf der Elbe in Hamburg ein Boot mit einem Benzinmotor angetrieben.

Die von Daimler nach den erfolgreichen Tests in Aussicht genommene Serienfabrikation des schnellaufenden Benzinmotors erforderte größere Fabrikationsräume, die er 1887 in einem aufgegebenen Fabrikanwesen fand. Maybach drängte ihn, neben Motoren auch ein motorisiertes Straßenfahrzeug zu bauen. So entstand der »Stahlradwagen« mit einem Zweizylinder-V-Motor von 1,5 PS, der 1889 auf der Pariser Weltausstellung unter allgemeinem Aufsehen vorgestellt wurde – die Urform des modernen Automobils. Zu diesem historischen Unternehmen bemerkt Rathke: »Mit der Maybachschen Konzeption eines Wagens, bei dem ein vierrädriges Fahrgestell und der Motor eine organische Einheit bilden, beginnt eine neue Ära in der Geschichte des Automobils.« Es war die Abkehr schlechthin vom Pferdefuhrwerk – die Revolution des Verkehrs hatte eingesetzt. Freilich erinnerte sich Carl Benz 1915: »Es glaubte in der damaligen Zeit niemand, daß es jemals einem Menschen einfallen werde, statt des vornehmen Pferdefuhrwerks solch ein unzuverlässiges, armseliges, puffendes und ratterndes eisernes Fahrzeug zu benutzen.« Die Franzosen sahen das anders. Panhard & Levassor erwarb von Daimler die Lizenz zum Bau seiner Motoren, Peugeot setzte sie in seine Motorwagen ein, für die der Stahlradwagen Vorbild war. Der Stahlradwagen trug also entscheidend auch zur Entwicklung der französischen Automobilindustrie bei.

Der enorme finanzielle Aufwand hatte Daimler »ausgeblutet«, so daß er sich 1890 gezwungen sah, seinen Betrieb in eine Aktiengesellschaft einzubringen, die Daimler-Motoren-Gesellschaft. Der Maybach angebotene Anstellungsvertrag war für diesen allerdings unannehmbar, am 11. Februar 1891 schied er aus der Gesellschaft aus. Daimler, der auf ihn weder verzichten wollte noch konnte, spielte daraufhin sein eigenes Spiel: In seinem Auftrag, aber unter dem Siegel der Verschwiegenheit, konnte Maybach im Gartenhaus des früheren Hotels Hermann in Cannstatt seine Motor-Entwicklungsarbeiten fortsetzen, und er hat in den folgenden Jahren, so Rathke, »Leistungen von bleibendem Wert und grundlegender Bedeutung für die Entwicklung von Motor und Wagen vollbracht«. Am Ende stand der als Phoenix-Motor bekannte N-Motor, ein Zweizylinder

2-Zylinder-V-Motor von Daimler

mit Spritzdüsenvergaser, eine der bedeutsamsten Erfindungen in der Geschichte des schnellaufenden Benzinmotors. 1895 wurde die Maybachsche Versuchswerkstätte mit der Daimler-Motoren-Gesellschaft vereinigt. Diese hatte seit ihrer Gründung den Straßenverkehr weit hintangestellt. Als aber die großen Erfolge der französischen Automobilindustrie ins Blickfeld rückten, war Umdenken gefordert, wenn man nicht den Anschluß verlieren wollte. Dazu aber brauchte man einen fähigen und erfahrenen Konstrukteur, und der war Maybach, mit dessen Rückkehr ein ungeahnter Aufschwung für das Unternehmen einsetzte. Als Weiterentwicklung des Stahlradwagens baute er zunächst den Riemenwagen, 1896 folgte der Daimler-Typ Vis-a-vis mit einem vorne sitzenden Phoenix-Motor. Mit dieser Motoranordnung wurde der Daimler Phoenix-Wagen zum Vorläufer des modernen Automobils.

Frankreich war noch immer im Automobilismus führend. Hier fand 1894 auch die erste Automobil-Vergleichsfahrt der Welt statt. Solche Unternehmungen mit internationaler Beteiligung waren zunächst Leistungsfahrten, wurden bald aber zu »Rennen«. In Deutschland wurde das erste Automobilrennen 1898 durchgeführt. Der 23 PS-Phoenix-Wagen der Daimler-Motoren-Gesellschaft war eines der erfolgreichsten Rennfahrzeuge am Ausgang des Jahrhunderts. Gottlieb Daimler erlebte diese Erfolge noch, dann gingen mit seinem Tod im Jahre 1900 dreieinhalb Jahrzehnte der engsten und erfolgreichen Zusammenarbeit zwischen ihm und Maybach zu Ende.

Schon 1897 war mit dem österreichischen Großkaufmann und Generalkonsul in Nizza Emil Jellinek (1853 bis 1918) ein Mann in das Leben Maybachs getreten, der für sein weiteres Schaffen von großer Bedeutung sein sollte. Jellinek betätigte sich als Verkäufer von Daimler-Wagen, liebte schnelle Automobile sowie den Rennsport und drängte Maybach zum Bau eines leistungsstarken Rennwagens. 1900 entwickelte Maybach schließlich ein völlig neues Fahrzeugkonzept, das eine weltweite Evolution im internationalen Automobilbau zur Folge hatte: Er brachte den »Mercedes«, einen 35 PS-Rennwagen mit Vierzylinder-Motor. Maybach war damit ein meisterhafter Wurf geglückt. Der Wagen war nicht nur ein Hochleistungsfahrzeug für Rennen, sondern auch ein betriebssicheres Gebrauchsfahr-

Oben: Daimler-Motorkutsche von 1886. Unten: Mercedes-Simplex-Wagen aus dem Jahre 1903. Beifahrer ist Wilhelm Maybach

zeug. Aus der »Puppe« Daimler war der »Schmetterling« Mercedes geworden, wie Jellineks Sohn sich einmal ausgedrückt hat. Der Name »Mercedes« ging auf Jellinek zurück, der die Wagen des von ihm erworbenen Kontingents nach dem Rufnamen seiner Tochter benannt hatte. Später hat das Werk diese gängige Bezeichnung übernommen – sie wurde zur allgemeinen für Daimler-Wagen und zur automobilen Qualitätsmarke weltweit. Der neue Wagen bestand seine Feuerprobe 1901 in der Woche von Nizza, wo er bei allen Rennen dominierte. Der Mercedes beherrschte auch auf Jahre hinaus den Salon de l'Automobile in Paris, die bedeutendste internationale Automobilschau. »Wir sind in die Ära Mercedes eingetreten«, hatte in einem Rückblick auf die Woche von Nizza der Generalsekretär des Automobilclubs von Frankreich geschrieben. Seit 1902 wurde der Simplex-Motor für den Automobilbau richtungweisend. Mit dem Mercedes Simplex hat die Daimler-Motoren-Gesellschaft bei allen internationalen Rennsportveranstaltungen Erfolge eingefahren.

Im Jahre 1903 erkrankte Wilhelm Maybach und war längere Zeit von der Firma abwesend. Jellinek schrieb ihm damals: »Daß Sie von Cannstatt abwesend sind, ersehe ich aus der niederträchtigen Ausführung der Wagen, die jetzt herauskommen.« Das war eine ehrlich gemeinte, von freundschaftlicher Verbundenheit getragene Äußerung eines Mannes, der Maybach einmal angeboten hatte, gemeinsam mit ihm in Frankreich eine Automobilfabrik aufzubauen und zu betreiben. Als Maybach ablehnte, hatte ihm Jellinek gesagt: »Man wird Ihnen das nicht danken.« Er sollte recht behalten. Als Maybach in den Betrieb zurückkehrte, wurde er in seiner Arbeit eingeengt, was zwangsläufig zu seinem Ausscheiden aus dem Unternehmen führen mußte, dem Werk, »das ich half groß machen«, wie er an den Aufsichtsratsvorsitzenden schrieb. Am 1. April 1907 verließ er die Daimler-Motoren-Gesellschaft, die nach einem Großbrand 1903 in Untertürkheim eine neue Fabrik gebaut hatte. Im folgenden Jahr schied auch Jellinek, der in Maybach immer den »Motor« des Unternehmens gesehen hatte, aus dem Aufsichtsrat der Gesellschaft aus. Eine große Zeit des Automobilbaus fand damit ihr Ende.

Nachdem im Jahre 1908 Ferdinand Graf von Zeppelin (1838 bis 1917) mit dem Luftschiff LZ IV wegen Motorstörungen bei Echterdingen hatte niedergehen müssen (worauf dieses zu allem Unglück auch noch von einer Gewitterböe zerstört wurde), war ihm von Wilhelm Maybach ein von seinem Sohn Karl entwickelter Motor empfohlen worden, dem er besondere Eignung für Dauerleistung nachsagte. Karl (1879 bis 1960) war Ingenieur und hatte vom Vater die technisch-konstruktiven Fähigkeiten geerbt. Seine Karriere sollte nicht weniger erfolgreich sein. Maybach senior und Zeppelin gründeten dann 1909 in Bissingen an der Enz als Tochter der Luftschiffbau Zeppelin in Friedrichshafen die Luftfahrzeug-Motorenbau GmbH. Die Fabrikation wurde 1912 nach Friedrichshafen umgesiedelt und das Unternehmen in Motorenbau GmbH umbenannt. Von diesem Unternehmen, dessen technischer Leiter Karl Maybach war, wurden schließlich jene leistungsstarken Motoren geliefert, die erst der Zeppelin-Luftschiffahrt zum Durchbruch verholfen haben. Kurz vor seinem Tod 1929 durfte Wilhelm Maybach noch die großartige Weltfahrt des Luftschiffs LZ 127 »Graf Zeppelin« miterleben. Es war mit fünf je 550 PS starken Maybach-Motoren bestückt. Karl hat seit 1921 in dem von 1918 an als Maybach-Motorenbau GmbH firmierenden Werk in Friedrichshafen auch hochklassige Automobile gebaut, jene bekannten »Maybach«, die als die deutschen »Rolls-Royce« galten. Wilhelm Maybach sah das mit Genugtuung. 1966 fusionierten die 1963 in Friedrichshafen gegründete Mercedes-Motorenbau GmbH und die Maybach-Motorenbau GmbH zur Maybach Mercedes-Benz Motorenbau GmbH, 1969 vereinigten diese und die Maschinenfabrik Augsburg-Nürnberg AG ihre Produktionsbereiche Hochleistungs-Dieselmotoren in der MTU Motoren- und Turbinen-Union Friedrichshafen GmbH.

Wilhelm Maybach, dem in Anerkennung seines schöpferischen Schaffens zahlreiche Ehrungen zuteil wurden (unter anderem der Dr.-Ing. e.h. der Technischen Hochschule Stuttgart), starb am 29. Dezember 1929. »In der Geschichte des Automobilbaus wird ihn die Welt als einen der genialsten Konstrukteure ehren, dessen grundlegende Erfindungen der Allgemeinheit zugute kamen«, würdigte ihn in seinem Nachruf der Reichsverband der Automobilindustrie. Dem ist diesbezüglich nichts hinzuzufügen.

Die Offenbarung: nichts wird zu nichts
Robert Mayer

Als am 22. März 1878 in Heilbronn der Arzt Dr. Robert Mayer zu Grabe getragen wurde, ließ die Stadt für die Dauer der Beisetzung den Flaggenschmuck einholen, der an diesem Tag aus Anlaß des kaiserlichen Geburtsfestes vor dem Rathaus prangte. Wer war dieser Mann, dem im Tod solche Ehre zuteil geworden ist? Oberbürgermeister Karl Wüst (1840 bis 1884) gab zu eben dieser Stunde am Grab die Antwort: »Du warst ... unserer Stadt berühmtester Sohn und wirst es wohl bleiben ...« Robert Mayer gilt in der Tat auch heute noch als der größte Sohn Heilbronns.

Robert Mayer (geb. 1814) war ein genialer Denker. Das Gesetz von der Erhaltung der Energie, das er als erster formulierte, hat die Physik seiner Zeit »revolutioniert«. Der Physiker Walther Gerlach hat in seinem Beitrag »Fortschritte der Naturwissenschaft im 19. Jahrhundert« in der »Propyläen-Weltgeschichte« sehr dezidiert festgestellt, daß die wichtigste damalige naturwissenschaftliche Entdeckung eben dieses Gesetz gewesen ist als »die erste und heute noch generell gültige Synthese im Bereich der Naturwissenschaft«. Es besagt, daß Energie eine stets konstant bleibende Größe ist. Robert Mayer hat als erster das mechanische Wärmeäquivalent berechnet und sich mit seiner Erstpublikation 1842 die Priorität an der bedeutendsten Entdeckung des vorigen Jahrhunderts gesichert. Noch um 1850, so Gerlach, hatten solche »weltweiten« Betrachtungen den Physikern ferngelegen, weshalb Hermann Helmholtz nicht zu Unrecht gesagt habe, daß Mayer als erster überhaupt gewagt habe, einen solchen Satz von »absoluter Allgemeinheit« auszusprechen. Mayer sollte es vorbehalten sein, den Physikern das physikalische Denken zu lehren, wie der Wissenschaftshistoriker Armin Hermann in einem Aufsatz 1977 meint.

Robert Mayer wurde in Heilbronn geboren als Sohn des Rosenapothekers Christian Jakob Mayer (1769 bis 1850), der ein »tüchtiger und gewis-

Robert Mayer (1814–1878)

senhafter« Apotheker und »kein bloßer Koch der Ärzte« gewesen ist. Robert studierte ab 1832 an der Universität Tübingen Medizin. Dem Studium widmete er sich mit großem Eifer – mit ebensolchem aber auch dem studentischen Verbindungswesen. Als Mitbegründer eines verbotenen burschenschaftlichen Corps erhielt er 1837 befristet das Consilium abeundi. Auf sein Gnadengesuch hin wurde Mayer aber doch vorzeitig zum medizinischen Examen zugelassen. Mit großem Erfolg legte er 1838 beide Staatsprüfungen ab und promovierte zwischendurch zum Dr. med. et chir.

Schon im Herbst 1837 hatte Robert Mayer die Absicht bekundet, als Schiffsarzt in holländischen Diensten nach Ostindien zu fahren. Im Jahre 1839 unterzog er sich in Amsterdam der Prüfung als Schiffsheilmeister, am 23. Februar 1840 verließ er auf der »Java« Rotterdam. Am 11. Juni ankerte der Dreimaster auf der Reede von Batavia. Hier machte Robert Mayer bei Aderlässen seine Schlüsselentdeckung, als er feststellte, daß das venöse Blut der Europäer farblich dem arteriellen glich, also von auffällig hellroter Färbung war. Diese Beobachtung war zwar auch schon vor ihm gemacht worden, er aber scheint der erste gewesen zu sein, der sie intensiv hinterfragt hat. Auf der Reede von Surabaja, wo das Schiff am 4. Juli Anker warf, durchfuhren ihn »Gedankenblitze«, und er fand den Grund für diese medizinisch auffallende Erscheinung heraus: daß nämlich in den heißen Zonen der Erde der menschliche Körper zur Aufrechterhaltung seiner normalen Körpertemperatur weniger Sauerstoff verbraucht als in nördlichen Breiten. Mayer erkannte, daß Bewegung und Wärme nur »verschiedene Erscheinungsformen ein und derselben Kraft« sind und daß folglich auch Bewegung und Wärme »sich ineinander umsetzen und verwandeln lassen müssen«, wobei die Summe aber immer gleich bleibt – so schrieb er 1874 in einer Autobiographie. Damit war Robert Mayer aufgrund einer physiologischen Beobachtung auf ein Grundgesetz der Natur gestoßen.

Es waren weitreichende Gedanken, die ihn bewegten, als er 1841 nach Heilbronn zurückkehrte und seinen Freunden euphorisch mitteilte, ein neues System der Physik mitgebracht zu haben. Bar aller fachwissenschaftlichen Voraussetzungen suchte Mayer die Ideen, die er über die »Umwandlung von Bewegung in Wärme und von Wärme in Bewegung«

gedanklich umwälzte, schriftlich in einem Aufsatz zu fixieren, den er zur Veröffentlichung an Christian Poggendorff (1796 bis 1877) sandte, den Herausgeber der »Annalen der Physik und Chemie«. Doch von diesem erhielt er nicht einmal eine Antwort. Rückblickend ist festzustellen, daß der Physiker Poggendorff den Abdruck dieses Manuskriptes in seiner renommierten Zeitschrift einfach nicht verantworten konnte, weil Mayer sich bei allem hintergründigen Verstehen nicht klar und nach der damaligen Nomenklatur der Physik auszudrücken vermocht hatte.

Robert Mayer ließ sich nicht entmutigen. Gustav Rümelin (1815 bis 1889), sein ältester Jugendfreund, berichtete später: »Ich war im Herbst 1841 viel mit ihm zusammen, und es war damals schwer, mit ihm von etwas anderem zu reden als von dieser Sache ...« Der von seiner Erkenntnis geradezu »Besessene« schickte einen zweiten Aufsatz, betitelt mit »Bemerkungen über die Kräfte der unbelebten Natur«, an den Chemiker Justus von Liebig (1803 bis 1873), der ihn am 31. März 1842 in den »Annalen der Chemie und Pharmacie« zur Publikation brachte. Es war dies die erste, zugleich grundlegende Veröffentlichung Mayers. In ihr interpretierte er bei sonst noch »allerlei Ungereimtheiten« erstmals die Äquivalenz von Bewegung und Wärme. Er hatte die Bedeutung der quantitativen Relation zwischen Wärme und Bewegung erkannt. Mit ihrer Berechnung sicherte sich Mayer die Priorität als Entdecker des Energieprinzips. Zu ca. 365 Meterkilogramm hat er das mechanische Wärmeäquivalent angegeben, der genaue Wert beträgt 426,8 kpm/kcal (= 4190 Nm/kcal = 4190 J/kcal). Das bedeutet, daß man die Energie von einem aus einer Höhe von 365 m (tatsächlich: 426,8 m) fallenden Kilo-Gewicht braucht, um das gleiche Gewicht an Wasser von 0° auf 1° Celsius zu erwärmen. In den lapidaren Sätzen: »nil fit ex nihilo – nil fit ad nihilum – causa aequat effectum« (»nichts wird aus nichts – nichts wird zu nichts – Ursache und Wirkung sind einander gleichwertig«) faßte Mayer das universale Gesetz von der Erhaltung der Energie (Energiesatz) zusammen – das »oberste Naturgesetz, welches alle physikalischen Vorgänge der unbelebten und belebten Welt regelt«, wie Gerlach in einem weiteren Aufsatz bemerkt.

Für Robert Mayer mußte es in hohem Maße enttäuschend sein, daß auf sein Erstlingswerk, in dem er ein universelles Naturgesetz mitgeteilt hatte, jede wissenschaftliche Resonanz ausblieb. Dennoch war er von der Wahrheit seiner Erkenntnis zutiefst überzeugt. Ende 1842 schrieb er an seinen Freund Wilhelm Griesinger (1817 bis 1868): »... früher oder später wird die Zeit gewiß kommen, in der die Wissenschaft die Wahrheiten hell erkennen wird, die ich zum Teil erst in dunkler Ferne ahne.« Er suchte zu einer besseren physikalischen Darstellung zu kommen. In seiner nächsten Veröffentlichung 1845 mit dem Titel »Die organische Bewegung in ihrem Zusammenhange mit dem Stoffwechsel« begründete und entwickelte Mayer seine Wärmetheorie ausführlich. Und er wendete sie auch auf die Physiologie an, »wodurch diese Abhandlung zur Grundlage der neueren physiologischen Medizin geworden ist«. Er gab jedenfalls erstmals eine wissenschaftliche Erklärung für die Lebensvorgänge ohne jene früher gebrauchte »Lebenskraft«. Es handelt sich um sein Hauptwerk, in dem er die ganze Bandbreite seiner Gedanken aufzeigte, und in dem auch zu lesen ist: »Es gibt in Wahrheit nur eine einzige Kraft. In ewigem Wechsel kreist dieselbe in der toten wie in der lebenden Natur.« Griesinger schrieb ihm nach dem Studium dieses Büchleins: »Ich habe Deine Schrift gelesen unter anhaltendem Applaus mit allen 4 Extremitäten ...« Aber auch diese Veröffentlichung fand wenig Beachtung, denn der Titel ließ nie und nimmer die Begründung eines universellen Naturgesetzes vermuten. Mit seiner 1848 gedruckten Arbeit »Beiträge zur Dynamik des Himmels in populärer Darstellung«, in der Robert Mayer seine Überlegungen auf das Universum ausweitete, schloß seine bedeutungsvollste Schaffensperiode ab. Seine »Bemerkungen über das mechanische Äquivalent der Wärme« (1851) enthalten nur noch einmal eine Zusammenfassung seines »Systems«. Ob er wußte, daß zur nämlichen Zeit das von ihm formulierte Gesetz durch den Physiker Rudolf Clausius (1822 bis 1888) bereits Eingang in die physikalische Literatur gefunden hatte – und zwar unter Mayers Namen?

Robert Mayer hatte als erster 1842 den Energiesatz formuliert. Unabhängig von ihm beschäftigten sich allerdings noch andere Forscher in eben dieser Zeit mit dem Nachweis des mechanischen Wärmeäquivalents. Der Engländer James Prescott Joule (1818 bis 1889) veröffentlichte erstmals 1843 experimentell gewonnene Ergebnisse und postulierte das Prioritätsrecht für sich. Das mag insofern angehen, als ihm Mayers Veröffentli-

Arbeitszimmer Robert Mayers

chung von 1842 damals wohl noch nicht bekannt gewesen ist. Aber sie war auch sonst nicht bekannt. Selbst der deutsche Mediziner und Physiker Hermann Helmholtz (1821 bis 1892), der 1847 eine vielbeachtete Arbeit »Über die Erhaltung der Kraft« vorlegte, durch die das Energiegesetz zur allgemeinen Anerkennung geführt und er für den Entdecker des Energiesatzes gehalten worden ist, erwähnte Robert Mayer mit keinem Wort. Er hat später bekundet, von Mayers Forschungen und Veröffentlichungen nichts gewußt zu haben. Im Jahre 1854 sagte er: »Der erste, welcher das allgemeine Naturgesetz ... richtig auffaßte und aussprach, war ... Robert Mayer ... Ich selbst hatte, ohne von Mayer ... etwas zu wissen ... , denselben Weg betreten ... und veröffentlichte meine Untersuchungen 1847 ...« Für diesen war indessen jetzt die Zeit gekommen, auf sein Erstrecht zu pochen. Da Schreiben an die Pariser Akademie der Wissenschaften ohne Antwort blieben, wandte sich Mayer mit einer knappen Pressenotiz »Wichtige physikalische Erfindung« in der weitverbreiteten Augsburger »Allgemeinen Zeitung« am 14. Mai 1849 an die Öffentlichkeit. Unter Bezugnahme auf einen Artikel im »Journal des Débats« vom 15. September 1848 nahm er das Erstrecht an der Auffindung des Energieprinzips, also der Äquivalenz von Bewegung und Wärme, gegenüber Postulaten englischer und französischer Naturforscher in Anspruch. Bereits am 21. Mai antwortete ihm ein bis dahin völlig unbekannter Otto Seyffer (1823 bis 1890). In höchst arroganter Weise polemisierte er gegen Mayer und gab ihn der Lächerlichkeit preis. Die »neue physikalische Entdeckung« Mayers bedürfe »für den Mann vom Fach keiner näheren Erörterung, da er dieselbe auf den Standpunkt zurückzuführen weiß, der ihr zukommt ...« Derselbe Seyffer brachte im Jahr darauf als Punkt 1 seiner Habilitationsthesen diesen Satz zu Papier: »Die Auffindung der sogenannten Äquivalentenzahl zwischen mechanischer Kraft und Wärme anerkenne ich als eine vollendete Tatsache«, d. h. er anerkannte nichts anderes als das, was Robert Mayer 1842 publiziert hatte. Das war ein höchst dreistes Stück!

Für Robert Mayer, der seit der Rückkehr von seiner Ostindienreise ohnehin in ständiger seelischer Erregung lebte, war dies zuviel. Diese Erniedrigung führte neben weiteren Momenten, etwa dem Ausbleiben jeglichen Echos aus der wissenschaftlichen Welt auf seine Erstveröffentli-

Robert Mayers Geburtshaus in der Heilbronner Rosengasse

chung 1842, zu seinem psychischen Zusammenbruch. In der Frühe des 28. Mai 1850 sprang er, »bei dem damals herrschenden heißen Frühlingswetter in steigende Aufregung geratend, nach schlaflos hingebrachter Nacht in einem Anfalle plötzlich ausgebrochenen Deliriums, ... zwei Stockwerke hoch ... durch das Fenster auf die Straße«. Da die Depressionszustände in Schüben wiederkehrten, scheint eine Anlage dazu vorhanden gewesen zu sein. Mehrfach mußte sich Robert Mayer in Heilanstalten begeben, erstmals 1852. Er hätte jemanden gebraucht, mit dem er sich über seine Entdeckung auseinandersetzen konnte. Statt dessen mußte er hören, er habe »die Quadratur des Zirkels gesucht« und man müsse ihm »einen anderen Willen schaffen«. »Wäre ihm damals statt Verachtung und Kränkung ein anerkennendes und aufmunterndes Wort von seiten eines Fachmannes entgegengekommen, so hätte vielleicht sein ganzer Lebensgang ein anderer werden können«, hat Rümelin später festgestellt. »Ich erinnere mich, daß er einmal zu mir sagte: entweder sei sein ganzes Denken anormal und pervers, dann sei sein richtiger Platz im Irrenhaus, oder aber habe er neue und wichtige Wahrheiten erkannt und finde dafür statt Anerkennung noch Hohn und Schmähung – ein Drittes gebe es nicht; beides aber sei gleich niederdrückend.« Wahrscheinlich aus dieser Zeit stammen auch diese Zeilen, die sich auf einem Stück Papier in seinem Nachlaß fanden: »Was ist Wahnsinn? Die Vernunft eines einzelnen. Was ist Vernunft? Der Wahnsinn vieler.« In diesen Worten spiegelt sich der ganze Leidensweg dieses Mannes wider.

Der »unendlichen« Tragik, die das Leben Robert Mayers in der Mitte des Jahrhunderts in so verhängnisvoller Weise bestimmte, sollte auf wissenschaftlichem Gebiet endlich doch die Anerkennung folgen. Daß Helmholtz ihm 1854 öffentlich das Prioritätsrecht an dem Energieerhaltungssatz bestätigte, kam schon zur Sprache. Justus von Liebig bezeichnete ihn 1858 als »Vater einer der größten Entdeckungen dieses Jahrhunderts«. Als Robert Mayer in demselben Jahr zum korrespondierenden Mitglied der Naturforschenden Gesellschaft in Basel ernannt wurde, schrieb ihm der Chemiker Christian Friedrich Schönbein (1799 bis 1868): »Ich hoffe zuversichtlich, daß die Zeit nahe sei, wo auch die übrige wissenschaftliche Welt Ihnen diejenige Anerkennung zollen wird, welche sie

Ihnen schon längst schuldet.« 1859 verlieh ihm die Philosophische Fakultät der Universität Tübingen den Dr. phil. h.c., 1863 die dort neugegründete Naturwissenschaftliche Fakultät im Rahmen ihrer Eröffnungsveranstaltung am 29. November den Dr. rer. nat. h.c. Sein Prioritätsrecht wurde nun allenthalben anerkannt – nur Joule wollte noch nicht zustimmen. Als John Tyndall (1820 bis 1893), Professor für Physik in London, 1862 Robert Mayer das Erstrecht dennoch zuschrieb, entflammte noch einmal ein erbitterter Prioritätsstreit. Es blieb schließlich bei Mayers Entdecker-Rolle, und 1867 endlich verlieh der württembergische König ihm in »Anerkennung seiner hervorragenden Leistungen im Gebiete der Naturwissenschaften« das Ritterkreuz des Ordens der Württembergischen Krone. In einem Gratulationsschreiben aus diesem Anlaß findet sich der folgende bemerkenswerte Satz: »Man mag über Orden denken wie man will; darüber muß man sich jedenfalls freuen, wenn's zwischen hinein auch einmal den ›Rechten‹ trifft!« In demselben Jahr feierte die »Allgemeine Illustrierte Zeitung« in Leipzig Mayer als einen »deutschen Newton«. Von den weiteren Ehrungen erwähnt seien hier nur noch der Prix Poncelet, den die Pariser Akademie der Wissenschaften ihm 1870 verliehen hat, und die Copley-Medal der Societas Regia in London 1871.

Seine letzten Lebensjahre durfte Robert Mayer in Ruhe verbringen. Als er am 20. März 1878 starb, nahm ihm der Bildhauer Friedrich Kohlhagen die Totenmaske ab. Sie zeigt ein friedvolles Antlitz. All die inneren und äußeren Kämpfe, »durch die er wie wenige Menschen in seinem Leben hat gehen müssen«, wie einer seiner vertrautesten Freunde feststellte, waren vorbei. Die Beisetzung erfolgte unter großer Anteilnahme der Bevölkerung sowie auswärtiger Trauergäste aus dem Freundeskreis des Verstorbenen und der wissenschaftlichen Welt. Dekan Karl Lechler (1820 bis 1903), der Robert Mayers sterbliche Hülle der Erde übergab, sprach über dem offenen Grab auch davon, »daß die glänzendsten Gaben und Kräfte oftmals in zerbrochene Gefäße gelegt werden«. Als Vertreter der Universität Tübingen sprach deren Kanzler, Gustav Rümelin, der Robert Mayer als einen der »geistvollsten Naturforscher aller Zeiten« bezeichnete. Er sei »zu jenen seltenen bahnbrechenden Geistern zu rechnen ..., welche ihre Lichtfunken und befruchtenden Keime über weit entlegene Gebiete und in ferne Jahrhunderte ausstreuen«. Der Name Robert Mayer werde in der Geschichte der Wissenschaften »für alle Zukunft in ungetrübtem Lichte strahlen«.

Im Sommer 1841 hatte der Vater Mayer im Kirchhöfle in Heilbronn ein Haus gekauft, in dem Robert Wohnung bezog und auch seine private Arztpraxis betrieb. Daneben war er bis 1845 Oberamtswundarzt und seit 1847 bis 1873 Stadtarzt. Damit war die finanzielle Basis für eine Familiengründung gegeben. Am 15. August 1842 verheiratete er sich mit Wilhelmine Closs (1816 bis 1899), einer Tochter des Handelsmannes und Stadtpflegers in Winnenden Johann Friedrich Closs (1783 bis 1856), die ihm zeitlebens immer die Stütze gewesen ist, die er gebraucht hat. Robert Mayer war ein pflichtbewußter Arzt, der sich seiner Patienten sehr annahm. Vor allem war er ein begeisterter Physiologe. Allerdings hat seine private ärztliche Tätigkeit mit seinem ersten Aufenthalt in einer Heilanstalt praktisch ihr Ende gefunden, denn bei dem »narrischen Mayer« wollte sich niemand mehr in Behandlung begeben. Auch das war tragisch, denn »verrückt«, wie man meinte, war er ja nicht. So konnte er sich mit der Zeit mehr seinen naturwissenschaftlichen Forschungen, seiner Publikations- und Vortragstätigkeit widmen. In allen seinen späteren Arbeiten zeigt sich philosophisch-theologisches Denken, aus tiefer Religiosität erwachsen, was ihn nach einem Vortrag 1869 in Innsbruck dem Gespött der philosophischen Materialisten aussetzte.

In der Ausstellung »Schwäbische Tüftler« des Württembergischen Landesmuseums Stuttgart 1995/96 hat auch Robert Mayer Würdigung erfahren. Aber solch ein Prädikat für ihn stimmt nachdenklich. War er wirklich ein »Tüftler«? Wenn man ihn auch als Erfinder anspricht, so mag das angehen. In der Tat hatte er ja einige Geräte bauen lassen, die ihm zum Experimentieren oder als Demonstrationsmittel hilfreich erschienen, etwa einen kalorischen Kraftmesser zur Bestimmung des mechanischen Wärmeäquivalents oder ein hämodynamisches Modell, mit dem er die Druckverhältnisse im menschlichen Herzen und in den Arterien veranschaulichte. Tüftler im eigentlichen Sinn war Robert Mayer aber nicht. Ihn unter jene einzureihen, geht an der Großartigkeit seiner Entdeckung, an seiner Bedeutung völlig vorbei. Robert Mayer ist über eine banale Beobachtung, die andere schon lange vor ihm gemacht hatten, zu einer – man möchte fast sagen – göttlich bestimmten Einsicht in die Natur gelangt, die ihn, den Laien, befähigte, eines der bedeutsamsten Naturgesetze zu erkennen und zu formulieren. Seine Erkenntnis war nicht die eines »Tüftlers«, sondern eines begnadeten Menschen, dem ein großer Genius mitgegeben war. »Kein größeres Genie als Robert Mayer ist in unserem Jahrhundert hervorgetreten«, hat John Tyndall 1862 gesagt. Dessen sollte man sich erinnern, wenn man ihn als »Tüftler« angesprochen findet.

Die Rasanz der Deckrullo-Nettel
Robert Emil Mayer

Schon in den 80er Jahren des vorigen Jahrhunderts haben sich »Schwarzkünstler«, wie die Fotografen damals genannt wurden, in Heilbronn niedergelassen. Ihre Namen sind bekannt, die Geschichte ihrer Unternehmen ist dagegen noch unzureichend erforscht. Im Jahre 1898 richtete die Gustav Schaeuffelen'sche Papierfabrik hier eine eigene Fotopapier-Abteilung ein, das PALA-Photowerk, das nach Rezepten von Georg A. Werner (1875 bis 1965) produzierte. Im selben Jahr schlossen sich in Heilbronn erstmals Fotoamateure zusammen und nannten ihre Vereinigung Photographie-Freunde.

Die Fotografie hat viele Pioniere. Einer davon war Robert Emil Mayer (1877 bis 1954), der sein Hobby zum Beruf und sich um die Weiterentwicklung fotografischer Apparate – nicht zuletzt auch zu handlichem Gerät – verdient gemacht hat. Zwar war er als Autodidakt zu seinem Metier gekommen, als begabter Konstrukteur im feinmechanischen Bereich aber ging Mayer mit dem rechten Gespür vor und natürlich mit viel Liebe zur Sache. Vor den Toren Heilbronns, in Sontheim (heute Heilbronner Stadtteil), gründete er das Süddeutsche Camerawerk, das höchst gediegene Fotoapparate auf den Markt brachte. Die Deckrullo-Nettel war das Paradestück des Unternehmens, eine Universalkamera bester Qualität, die weltweit Aufmerksamkeit und Anerkennung gefunden hat. Es besteht kein Zweifel, daß ein guter Teil der zu seiner Zeit hier und später bei Contessa Nettel in Stuttgart verwirklichten Neukonstruktionen sowie der für sie angemeldeten und patentierten Erfindungen Mayers geistiges Eigentum darstellte oder unter seiner Mitwirkung erarbeitet wurde. Wesentlichen Einfluß hatte er auf die Entwicklung der Schlitzverschlüsse, ohne die moderne Kameras mit ihren hohen Verschlußgeschwindigkeiten nicht denkbar wären. Auch mit dem Bau von Spezialkameras hat Robert Mayer

Robert Emil Mayer (1877–1954)

Die Deckrullo-Nettel-Kamera, das »Flaggschiff« des Süddeutschen Camerawerkes

sich befaßt. So gilt er als der Konstrukteur einer der ersten Fliegerkameras. Jedenfalls hat ihm die Daimler-Motoren-Gesellschaft 1926 für die leihweise Überlassung einer solchen »ausgezeichneten Kamera« gedankt.

Im Gegensatz zu seinem gleichnamigen Großonkel, dem genialen Entdecker des Gesetzes von der Erhaltung der Energie, war der gelernte Kaufmann Robert Emil Mayer ein echter Tüftler, ein »Brettlesbohrer« nach bestem schwäbischen Verständnis. Im Jahre 1900 trat er in die Langholzhandlung des Vaters, Friedrich Mayer (1841 bis 1926), ein, »hatte aber keine Lust dazu«, wie in der Familienchronik zu lesen ist, »und widmete sich mehr der Fotografie«. Seinen Neigungen nachgebend, gründete Robert zusammen mit Max Körner 1902 im benachbarten Sontheim eine Fabrik fotografischer Apparate, das Süddeutsche Camerawerk Körner & Mayer GmbH, finanziell vom Vater und einem Bruder unterstützt. Ziel der Jungunternehmer war es, ihre »noch in den Kinderschuhen steckende« Schlitzverschluß-Kamera »Nettel« weiterzuentwickeln, wie Mayer 1954 in einer Ansprache betonte. Aber sie hatten eine lange Anlaufzeit. Dazu kam, daß Robert kein brauchbarer Kaufmann oder Verkäufer, sein Kompagnon kein tüchtiger Konstrukteur gewesen ist. Als Vertriebsleiter gewann er 1904 den »Nichtfachmann« Wilhelm Wohlfahrt (1880 bis 1966). Seinen Mitgesellschaftern wäre ein »aus der Kamerabranche kommender, sachvertrauter Mitarbeiter« lieber gewesen. Aber, so Mayer, »wo hätten wir in Süddeutschland einen solchen auftreiben können, da doch damals alle Männer, die das Geheimnis der Erzeugung fotografischer Apparate hüteten, nur in Dresden oder Görlitz saßen«. Das Sontheimer Werk, das anfangs schwer um seine Existenz ringen mußte, entwickelte sich erst gut, als Wohlfahrt den Verkauf organisierte und auch selbst »reiste«. Als er in der Schweiz einmal an einem Tag zwölf Nettel-Kameras verkaufte, war das »damals der glücklichste Tag meines Lebens«, und er gönnte sich im Zug nach Hause eine Portion Kaffee und eine Acht-Pfennig-Zigarre! 1909 trat Körner aus der Firma aus, und Vater Friedrich Mayer mußte sich stärker mit Kapital beteiligen, »um das begonnene Werk nicht scheitern zu sehen«, wie er in der genannten Familienchronik vermerkte. »Ob mir noch Freude daran zu erleben beschieden ist, bleibt dahingestellt«, war sein Resümee nach zehn Betriebsjahren. Er stand dem Unternehmen offenbar nicht sehr aufgeschlossen gegenüber. Das Unternehmen firmierte 1907 in Nettel-Camerawerk GmbH um, 1914 waren 300 Mitarbeiter in dem expandierenden Betrieb beschäftigt, der zu den großen Industrien in Sontheim gehörte. Doch ernüchterte gerade in diesem Jahr der Ausbruch des Ersten Weltkrieges, mit dem es plötzlich ganz so aussah, als ob die Fotografie keine Zukunft mehr habe.

Infolge der schwierigen wirtschaftlichen Nachkriegsverhältnisse sah Robert Mayer sich 1919 zur Fusion mit dem Contessa-Werk zur Contessa-Nettel AG in Stuttgart gezwungen. Die Sontheimer Fabrikanlage erwarb das Autohaus mit Reparaturwerkstätte Hartlieb & Cie. in Heilbronn. In dem nun wesentlich größeren Unternehmen der Contessa-Nettel AG erhielt Wohlfahrt die kaufmännische Gesamtleitung und baute eine hervorragend funktionierende Vertriebsorganisation auf. Eine weitere Fusion erfolgte unter ökonomischem Zwang 1926 unter Führung der Carl Zeiss-Stiftung: der Zusammenschluß der führenden deutschen Kamerawerke Contessa-Nettel AG in Stuttgart, Heinrich Ernemann AG und ICA AG in Dresden sowie der Optischen Anstalt C.P. Goerz AG in Berlin zur Zeiss Ikon AG, deren Erzeugnisse wegen ihrer »Präzision und Güte in Feinmechanik und Optik« weltweit zu einem Begriff für höchste Wertarbeit werden sollten. Jede der genannten Firmen brachte einen reichen Erfahrungsschatz ein als Grundlage für den Aufstieg, den die Zeiss Ikon AG und damit die deutsche Fotoindustrie nach 1926 nahmen. Die Stärke des neuen Unternehmens wurde nach der großen Weltwirtschaftskrise deutlich, nachdem man das vorhandene umfangreiche Programm ausgedünnt und sich auf marktgerechte Modelle konzentriert hatte. Die Fusion bedeutete somit einen Markstein in der Geschichte der deutschen Fotoindustrie. Robert Mayer schied zu diesem Zeitpunkt allerdings aus dem Unternehmen aus. Eine neue Wirkungsstätte fand er bei der AEG in Stuttgart-Bad Cannstatt.

Aus dem Süddeutschen Camerawerk Körner & Mayer GmbH bzw. dem Nettel-Camerawerk GmbH sowie der Contessa-Nettel AG ist eine ganze Reihe wertvoller fotografischer Konstruktionen und Verbesserungen hervorgegangen, was zahlreiche Patente oder Gebrauchsmuster belegen. Sie sind anfänglich auf Max Körner eingetragen, dann auf das Süddeutsche Camerawerk Körner & Mayer GmbH. Erst 1919 finden sich solche

Nettel-Camerawerk in Sontheim

auch auf den Namen Robert Mayer. Wie erwähnt, galt das Hauptaugenmerk Mayers der Weiterentwicklung der hochwertigen Nettel-Kamera, die sich später großer Beliebtheit auf der ganzen Welt erfreuen sollte. Sie war die erste Marke der Fabrik, aber natürlich nicht die einzige. Mit verstellbaren Spreizen kam sie Anfang 1904 auf den Markt, mit verdeckt aufziehbarem Schlitzverschluß wohl im Jahre 1907. Die durchdachte Konstruktion dieser Kamera »hat sich selbst empfohlen«, wie Mayer einmal sagte. Sie zog viele Lichtbildner in ihren Bann, die »ihre besten Sachen mit diesem Apparate herstellten«. Die Kamera mit dem verdeckt aufziehbaren Schlitzverschluß war weltweit die erste ihrer Art und führte die Bezeichnung »Deckrullo-Nettel«. Mit einem von Robert Emil Mayer selbst abgefaßten Text »Etwas Wunderbares!« startete die Nettel-Camerawerk GmbH ihre Werbung. Als Konstrukteur sah Mayer in dieser praktisch durchdachten Kamera das nach dem damaligen Stand der Kamerabau-Technik »gegenwärtig Erreichbare« in feinster Präzisionsarbeit verwirklicht.

Die Deckrullo-Nettel war das »Flaggschiff« des Nettel-Werkes und in allen deutschen und englischen Formaten lieferbar. Nicht zuletzt aus dem Fotoalbum Mayers kennen wir Aufnahmen, die mit ihr gemacht sind und an Qualität nichts zu wünschen übrig lassen. Sie war eine »Universal-Kamera«, spielend leicht zu handhaben, mit einem Griff gebrauchsfertig und besonders bei Fotoreportern sehr beliebt. Vor allem aber war sie wegen ihrer außerordentlich hohen Verschlußgeschwindigkeit eine unübertreffliche Sportkamera. Die Contessa-Nettel AG hat den Bau dieser Kamera ebenso beibehalten wie die Zeiss Ikon AG. Diese übernahm das Grundprinzip des Nettel-Verschlusses später auch in andere Kameras – ein Beweis für die originelle Konstruktion, die sich in der Praxis bestens bewährt hatte. Der Schlitzverschluß der Deckrullo-Nettel hat im zweiten Band des »Handbuches der wissenschaftlichen und angewandten Photographie« eine ausführliche Beschreibung erfahren.

Mit Wilhelm Wohlfahrt, dem späteren Vorstandsmitglied der Zeiss Ikon AG, hatte Robert Mayer gleich zu Beginn seiner Karriere ein As gezogen. Dessen phänomenale Organisations- und Verkaufskraft sollte »nach der geglückten Deckrullo-Nettel« dem kleinen Sontheimer Betrieb »eine überragende Weltgeltung in der fotografischen Branche« verschaffen. Die dort hergestellten Kameras gehörten ja in der Tat auch zu den weitaus besten und zuverlässigsten auf dem Weltmarkt. Die Deckrullo-Nettel wurde, mit kleinen Verbesserungen, von der Zeiss Ikon AG bis in die 30er Jahre gebaut. Sie war bis dahin die bekannteste Schlitzverschlußkamera überhaupt.

Friedrich Michael Münzing (1807–1879)

Ein Etablissement für Schwefelsäure
Friedrich Michael Münzing

In jener Zeit, in der Friedrich Michael Münzing die Herstellung chemischer Produkte in Heilbronn aufnahm, gab es hier 17 Fabriken mit 450 Arbeitern. Das waren »verhältnismäßig die meisten« im Lande, wie in den »Württembergischen Jahrbüchern« für 1832 zu lesen ist. Dabei hatte die Industrialisierung in der Stadt erst ein paar Jahre zuvor ihren Anfang genommen. Die chemische Industrie war zunächst mit nur wenigen Sparten vertreten, insbesondere der Herstellung von Bleiweiß.

In der württembergischen Wirtschaftsgeschichte besetzt Friedrich Michael Münzing (1807 bis 1879) einen ehrenvollen Platz. Mit der erfolgreichen Aufnahme der Schwefelsäureproduktion brachte er 1830 einen ganz neuen Industriezweig nach Heilbronn und nach Württemberg und machte damit die heimische Industrie unabhängig von den teuren Importen, auf die man bisher angewiesen war. Auch mit der Herstellung von Ölseifen und der Stearinfabrikation betrat Münzing Neuland. Gegen Ende des 19. Jahrhunderts soll das Unternehmen die größte Stearinkerzenfabrik in Deutschland gewesen sein und Heilbronn eines der wichtigsten Zentren der chemischen Industrie in Württemberg. Indem Friedrich Michael Münzing eine Reihe auch andernorts gerade erst aufkommender Produktionsverfahren einführte, hat er einen entscheidenden Beitrag zur Industrialisierung von Stadt und Land geleistet. Seiner innovativen Tätigkeit wegen wurde er schon 1907 in der Zeitschrift »Die Württembergische Industrie« unter die »Väter der chemischen Industrie« im Lande eingereiht. Wichtig im Industrialisierungsprozeß, so heißt es dort, sei fraglos das »rechtzeitige Erkennen des wahren Fortschritts« gewesen, aber auch die »energische Entscheidung im richtigen Moment«. Beides habe er verstanden.

Friedrich Michael Münzing war als Sohn eines Landwirts im benachbarten Flein, einem bis 1802 zu Heilbronn gehörenden Dorf, geboren, hatte in Heilbronn das Seifensiederhandwerk erlernt und war weit in der Fremde herumgekommen. Er lernte das Produktionsverfahren von Ölseifen kennen und leitete in Wädenswil im Kanton Zürich eine Seifenfabrik, eine der wichtigsten in der Schweiz. Dort wurde er auch mit der Sodafabrikation vertraut, »die damals noch bedeutendes Geheimnis war«, und den damit in Verbindung stehenden Fabrikaten Schwefelsäure, Glaubersalz und Eisenvitriol – so ist in seinen in Familienbesitz befindlichen Lebenserinnerungen zu lesen. Und hier faßte er schließlich den Entschluß, »die Fabrikation der Schwefelsäure ... zu meinem dereinstigen Ziele zu machen, welches ich auch, je länger je eifriger, verfolgte«. Seinen Mangel an chemisch-technischem Wissen suchte er durch beharrliches Selbststudium entsprechender Schriften allmählich zu beheben.

Im Jahre 1829 erließ die württembergische Regierung einen Aufruf zur Aufnahme der Schwefelsäureproduktion. Gleichzeitig schrieb sie für das erste derartige Unternehmen, das Schwefelsäure bei gleicher Reinheit und Stärke zum Preis liefern würde, zu dem solche ohne Eingangszoll bisher aus dem Ausland bezogen wurde, einen Staatsbeitrag in Höhe von 5000 Gulden aus. Münzing glaubte, die staatlichen Forderungen erfüllen zu können, und gründete am 30. März 1830 in Heilbronn die Schwefelsäurefabrik Münzing & Comp. Hinreichend Erfahrung und unermüdlichen Schaffensdrang brachte er mit, und so war ihm auch der Preis sicher, mit dem er zusätzliches Startkapital gewann. Sicher erhoffte sich der Staat mit seiner Fördermaßnahme zugleich eine Impulswirkung zur Gründung noch anderer chemischer Unternehmen, wie sie sich üblicherweise an die Schwefelsäureproduktion anschlossen und nur in Verbindung mit dieser »vorteilhaft« betrieben werden konnten. Über die ersten Jahre des Unternehmens schrieb der Schwager Carl Friedrich Drautz (1814 bis 1895) in seinem Nachruf auf Münzing im »Gewerbeblatt aus Württemberg« 1879: »Klein und unansehnlich war der Anfang, sehr bescheiden die Mittel, und der Schwierigkeiten, die sich ihm in den Weg stellten, waren viele und schwere; doch er überwand sie vermöge seines praktischen Verstandes, seiner Tatkraft und seiner unbeugsamen Beharrlichkeit; nach wenigen Jahren war sein Etablissement von Bedeutung ...«

Briefkopf der Stearinkerzenfabrik Münzing von 1898

Fabrikgebäude der Firma Münzing an der alten Neckargartacher Straße im Jahre 1860

Das Unternehmen befand sich seit der Gründung an der Frankfurter Straße. Als das Geschäft prosperierte, wurde 1845 an der Neckargartacher Straße eine weitere Anlage zur Schwefelsäureproduktion gebaut und bis 1878 betrieben. Sie mußte schließlich aufgegeben werden, als die Herstellung von Schwefelsäure unrentabel zu werden begann, weil die Eisenhüttenindustrie bei der Verarbeitung sulfidischer Erze solche weit billiger gewann. Wie sehr das Geschäft einst boomte, mag nicht zuletzt daran abzulesen sein, daß Münzing den Staatsbeitrag, den er zur Gründung seines Betriebes erhalten hatte, wieder zurückbezahlte. An dem ungeahnten Aufschwung hatte der Firmengründer insofern wesentlichen Anteil, als er in die Fabrikation mehrfach erhebliche Verbesserungen einbrachte. Schwefelsäure, aus sizilianischem Schwefel gewonnen, war ein chemisches Schlüsselprodukt und wurde in verschiedenen industriellen Betrieben als Hilfsmittel gebraucht. Hauptabsatzgebiet für das Heilbronner Unternehmen war Württemberg.

Aber Münzing wandte sich noch anderen Produkten zu. Schon vor 1836 betrieb er in großem Umfang die Fabrikation von Seife, und zwar von gewöhnlicher Haushalts- wie besserer Industrieseife. Als erster in Deutschland stellte er aus ausländischen Ölen, die er maschinell verarbeitete, Ölseifen her. Vor allem Olivenölseife wurde an die inländische Textilindustrie abgesetzt. Bisher hatte diese aus Italien bezogen werden müssen, wo auch Münzing sie kennengelernt hatte. Zahlreiche kleinere Betriebe ohne maschinelle Ausstattung mußten damals aufgeben, während die kapitalkräftigen sich zu Großbetrieben entwickelten. Erst sehr viel später taten sich in Heilbronn weitere Seifenfabriken auf.

Im Jahre 1840 nahm Münzing als dritter in Deutschland und erster in Württemberg auch die Fabrikation von Stearin auf und die von »Münzings Kerzen«, wie seine Stearinkerzen genannt wurden. »Diesen Geschäftszweig brachte er zu so großer Blüte und Bedeutung, daß er mit seinen verschiedenen Nebenprodukten mit der Zeit der ausschließliche Produktionszweig der Firma wurde«, ist in der genannten Zeitschrift »Die Württembergische Industrie« zu lesen. Die Kerzenfabrikation rückte ab 1860 mehr und mehr an die erste Stelle. Neue Produkte mußten erst aufgenommen werden, als der Kerzenverbrauch durch modernere Beleuchtungsarten zurückging.

Münzing wußte auch die anfallenden Nebenprodukte zu vermarkten und stellte in der nächsten Produktionsstufe Soda, Glaubersalz und Eisenvitriol her. Noch 1848 hatte er das Fehlen einer Sodafabrikation im Lande bemängelt: »Soda ist ein sehr wichtiger und für unser salzreiches Süddeutschland, namentlich für Württemberg noch nicht genug beachteter Artikel, dessen Verbrauch noch immer sehr bedeutend im Zunehmen begriffen ist, den wir aber leider zum größten Teil vom Ausland, hauptsächlich von England beziehen, obgleich er bei uns ein Hauptausfuhrartikel werden könnte und sollte.«

Münzing hat sein Augenmerk also zu keiner Zeit nur auf sein eigenes Unternehmen gerichtet. Über seine engeren Interessen hinaus hat er sich auch sonst um den gewerblichen Aufschwung im Land verdient gemacht. Der württembergische König würdigte seine Bemühungen um die Förderung der »vaterländischen Arbeitstätigkeit«, also um die heimische Industrie, u.a. 1865 mit der Verleihung des Titels Kommerzienrat. Der Präsident der Zentralstelle für Gewerbe und Handel in Stuttgart, Ferdinand von Steinbeis (1807 bis 1893), ein Vorkämpfer des wirtschaftlichen Fortschritts im Lande, schrieb damals an Münzing: »Wenn die ... Ihnen zuerkannte Auszeichnung Sie überrascht hat, so war dieses bei anderen und insbesondere bei der Zentralstelle keineswegs der Fall; es ist Ihnen damit nur geworden, was Ihnen in der einen oder anderen Form längst zugedacht war.« Münzings Rat und seine Mithilfe waren überall geschätzt. Als er 1839 mit der Veröffentlichung kleinerer Beiträge im »Wochenblatt für Land- und Hauswirthschaft, Gewerbe und Handel« begann, bemerkte die Redaktion des Blattes in einer Fußnote: » ... können wir nicht umhin, unsere große Freude darüber auszudrücken, von Männern, die einen so entschieden guten Ruf unter dem württembergischen Gewerbestand haben, wie ... Münzing, auf die Gegenstände aufmerksam gemacht zu werden, deren Behandlung im Wochenblatt zweckmäßig sein dürfte. Mit Vergnügen sehen wir seinen weiteren Mitteilungen entgegen ...«

Als Mitbegründer gehörte Friedrich Michael Münzing verschiedenen Unternehmen an, aber auch der Handels- und Gewerbekammer Heilbronn und dem Beirat der Stuttgarter Zentralstelle für Gewerbe und Handel. In Heilbronn war er nicht zuletzt Mitglied der bürgerlichen Kollegien und des evangelischen Pfarrgemeinderats. Als er 1879 starb, führte Dekan Karl Lechler (1820 bis 1903) in seiner Grabrede aus: »Solche Naturen sind von Gott dazu ausersehen, Bahn zu brechen auf dem Gebiete ihres Wirkens. Als ein solcher steht der Vollendete auch da in dem Gewerbeleben unserer Stadt, ja unseres Landes.« Und in einem Zeitungsnachruf ist zu lesen: »Mit ihm ist einer der bedeutendsten Industriellen, nicht nur unserer Stadt, sondern des Landes und Süddeutschlands vom Schauplatz seiner Tätigkeit abgetreten.« Die Wertschätzung für diesen Mann war also allgemein. Er war seit 1831 mit Christiane Luise, geb. Köber (1812 bis 1878), aus Lauffen verheiratet, einer verständnisvollen Frau, die ihm zeitlebens im Betrieb eine hilfreiche, feste Stütze gewesen ist. Ihre Sorge um das Wohl der Arbeiter in der Fabrik wurde bei ihrem Tod besonders hervorgehoben, aber auch ihre offene Hand für alle Not.

Nach Friedrich Michael Münzings Tod nahm das Geschäft einen weiterhin kontinuierlichen Aufschwung. Im Jahre 1916 brannte jedoch ein Großteil der Fabrikanlagen nieder. In den 20er Jahren erfolgte mit einem Fettchemie-Programm eine grundlegende Umstrukturierung der Produktion. Das Fabrikanwesen der Firma Münzing an der Badstraße ist schließlich am 10. September 1944 durch Luftangriff zerstört worden. Der Wiederaufbau 1947 erfolgte in der Salzstraße, wo die Firma Münzing Chemie GmbH, die heute eine Reihe von Spezialchemikalien für bestimmte Industriesparten herstellt, 1988 auch ein Zentrum für Forschung, Entwicklung und Anwendungstechnik in Betrieb genommen hat.

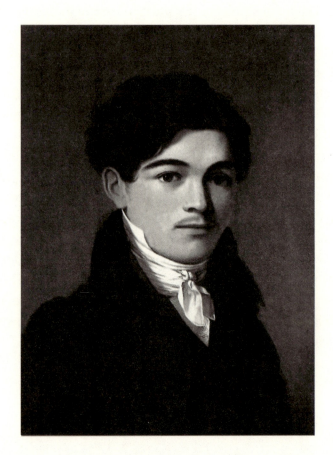

Adolf von Rauch (1798–1882)

Courage schafft Fortune
Die Brüder Moriz und Adolf von Rauch

In der frühindustriellen Phase Heilbronns sind mehrere Fabrikbetriebe aus Handelshäusern hervorgegangen. So auch die Papierfabrik Gebrüder Rauch, die mit einer aus England bezogenen Maschine die Herstellung von Endlospapier aufnahm.

Der innovative Schritt der Rauchschen Brüder, ihr Mut zur völligen Umorientierung ihres seitherigen Unternehmens sind bewundernswert. Sie importierten die modernste englische Technologie auf dem Gebiet der Papierherstellung, eine epochale Erfindung, an den Neckar und legten damit zugleich den Grundstein für eine neue Industrie. Mit dem von ihnen bewerkstelligten Technologietransfer zog für die Papierherstellung in Deutschland eine neue Zeit herauf. Ihr Wagemut löste eine starke Schubwirkung aus, die nach und nach alle papiererzeugenden Betriebe erfassen mußte. Mit der industriellen Papierfertigung änderten sich die Marktverhältnisse ganz entscheidend, so daß ein Weiterwirtschaften der Papiermühlen in der gewohnten Weise nicht möglich war. Die Gebrüder Rauch zeigten den Weg in die Zukunft.

Von der Papierfabrik der Gebrüder Rauch ist für Heilbronn und darüber hinaus für ganz Württemberg ein wesentlicher Impuls ausgegangen. Noch Jahrzehnte später hieß es, daß sich die Wirtschaftsstruktur Heilbronns wegen der starken Papierindustrie von der aller anderen württembergischen Städte unterscheide, da es nirgendwo sonst eine derartige Konzentration von Unternehmen dieses Sektors gebe bzw. je gegeben habe. Heilbronn ist auch heute noch eine »Papierstadt«, zwar nicht papierherstellend, aber in zahlreichen Betrieben papierverarbeitend. Das Beispiel Rauch ist bezeichnend dafür, daß die hiesigen Handelsunternehmen die Keimzellen für die spätere Industrialisierung waren, die sich in Heilbronn als geradezu ungestüme Bewegung darstellte.

Doch nicht nur die ökonomischen, sondern auch soziale Notwendigkeiten der Zeit sah man im Hause Rauch. So rief Adolf von Rauch 1856 zur Bildung einer Gesellschaft für Arbeiterwohnungen auf und übernahm auch die Leitung dieser Einrichtung, die seit 1862 als Heilbronner Wohnungsverein AG firmierte. Sie war das erste gemeinnützige Unternehmen dieser Art in Württemberg, hatte Vorbildcharakter und baute eine ganze Anzahl zwar einfacher, aber dringend benötigter Wohnungen für Fabrikarbeiter.

Das Rauchsche Handelshaus war eines der bedeutendsten Heilbronns. Sein Gründer, Benjamin Rauch (1704 bis 1776), war aus Weilburg zugewandert und 1743 als Teilhaber in das Speditionsgeschäft von Raimund Späth (1699 bis 1743) eingetreten. 1762 verkaufte Späths Witwe ihren Geschäftsanteil an Christian Becht (1727 bis 1793). Das Handelshaus, das hauptsächlich Kolonialwaren vertrieb, nannte sich nun Rauch & Becht. Benjamins Söhne Christian (1752 bis 1809) und Moriz (1754 bis 1819) firmierten seit 1783 mit Gebrüder Rauch, ein Name, der Bestand gewinnen sollte. Geschäftlich waren jene Jahre vor der Jahrhundertwende eine geradezu glänzende Zeit, die Gelegenheit zu großen Gewinnen bot. Die Brüder Rauch waren damals die beiden am höchsten besteuerten Bürger der Stadt. Für die enorme Summe von 216 000 Gulden bauten sie ein repräsentatives Wohn- und Geschäftshaus am Marktplatz, das ihrem Wohlstand sichtbaren Ausdruck verlieh.

Dann wirkten sich nach dem Jahrhundertwechsel die Kontinentalsperre, eine schmerzhaft spürbare Besteuerung der Kolonialwaren sowie schließlich eine allgemeine Wirtschaftskrise höchst verheerend auf das Handelsgeschäft aus, so daß auch die Gebrüder Rauch – bei einem Lagervorrat 1817 im Wert von rund 350 000 Gulden – mit Verlust arbeiteten. Den Heilbronner Kaufleuten ging zudem gerade damals mit der Aufhebung des hiesigen Stapels 1818 ein Teil des Speditionshandels verloren. Hinzu kam 1821 mit der Inbetriebnahme des Wilhelmskanals die ungehinderte Öffnung des Neckars für den Schiffsverkehr, wodurch die Stadt ihre über Jahrhunderte sorgsam gewahrte Stellung als Anfangs- bzw. Endpunkt der Neckarschiffahrt einbüßte. So waren den Heilbronner Handelshäusern bislang wesentliche Standortvorteile genommen. Der 1808 eingerichtete

Moriz von Rauch (1794–1849)

Oben: Rauchsches Palais am Heilbronner Marktplatz
Unten: Papierfabrik Rauch um 1920

Mannheimer Zwangsstapel machte ihnen außerdem gewaltig zu schaffen. Als 1819 Moriz' Söhne Moriz (1794 bis 1849) und Adolf (1798 bis 1882), die beide »die Handlung« erlernt hatten und weit in deutschen und benachbarten Landen herumgekommen waren, die Firma übernahmen, gingen die Geschäfte besonders schlecht. Moriz schrieb an einen Freund: »Bei uns stockt fortwährend aller Abzug. Ich weiß nicht, was ich tun soll, und würde gerne bei einer nützlichen Unternehmung entrieren. Was man auch diesen Sommer über noch so sehr ausdachte und, durch alle Gründe unterstützt, kaufte, dies liegt nun tot da. Es geht mir mit verschiedenen Gegenständen auf diese Weise. Wenn ich auch an dem Einkaufspreis keinen Schaden habe, so bin ich doch auch nicht im Stande, zu realisieren.« Da es keine Zukunftsperspektiven gab, mußten die Brüder den Kolonialwarenhandel wohl oder übel aufgeben.

Es läßt sich nicht mehr feststellen, wer von ihnen den Gedanken, die maschinelle Papierfabrikation in ihr Unternehmen einzuführen, in die Überlegungen einbrachte. Möglicherweise hatte die 1819 in Berlin gegründete Patentpapierfabrik, in der eine englische Papiermaschine lief, die erste und damals einzige in Deutschland, das Vorbild abgegeben. Im Jahre 1799 hatte der Franzose Louis Robert (1761 bis 1828) als erster ein Patent auf eine Maschine zur Herstellung endlosen Papiers erhalten, 1801 der Engländer John Gamble. Der Ingenieur Bryan Donkin (1768 bis 1855) entwickelte diese Maschine dann zur Industriereife. Sie war eine grundlegende Erfindung, welche die völlige Abkehr von der bisherigen, auf Handarbeit beruhenden Papierproduktion zur Folge hatte. Als die Rauchschen Brüder den Entschluß faßten, die neue Technik zu übernehmen, liefen in England mit seinem hohen technologischen Standard bereits 45 Papiermaschinen. Und in England stand mit Bryan Donkin & Co. auch die einzige Fabrik, die solche bauen und die Technologie transferieren konnte.

Mit Donkin wurde man rasch handelseinig, und für Gamble beantragten die Gebrüder Rauch ein Patent bei der württembergischen Regierung, weil sie angeblich nur unter dieser Bedingung in den Besitz einer englischen Papiermaschine kommen konnten. Die Maschine werde, so führten sie aus, »von einem Wasserrad getrieben, erfordere nicht mehr als drei Arbeiter und mache in der höchsten Vollkommenheit Velinpapier von jedem Format, Stärke und Güte in einer unendlichen Länge, ohne daß solches die Flecken, Luftblasen oder Wassertropfen enthalte, welche bei dem gewöhnlichen Arbeiten entstehen«. Die Regierung konnte nun entweder den geforderten Schutz gewähren oder mußte ganz auf die neue Technik verzichten, wodurch dem Land erhebliche Vorteile entgangen wären. Und gerade das konnte nicht ihr Interesse sein, zumal dem König selbst der Fortschritt von Gewerbe und Industrie vorrangiges Anliegen war. Die Vorteile einer solchen Maschine und ihre volkswirtschaftlichen Auswirkungen sah man durchaus. Mit der Patenterteilung auf zehn Jahre erhielten die Rauchschen Brüder ein Monopol, denn absprachegemäß verkaufte Gamble das Patent sofort an sie. Die übrigen Papierhersteller im Land wurden damit von der Nutzung der neuen Technologie, wie sie aus England geliefert wurde, ausgeschlossen. Im Sommer 1825 war die Papierfabrik eingerichtet, und die Maschine »arbeitete in der besten Weise«. Das auf ihr hergestellte Papier »fand eine sehr gute Aufnahme«, wie einem englischen Schreiben zu entnehmen ist.

Die von den Gebrüdern Rauch gekaufte Papiermaschine war die erste, die im Süden Deutschlands aufgestellt wurde, und nach der Auflösung der Berliner Patentpapierfabrik war die Firma Rauch fortan die älteste Maschinenpapierfabrik Deutschlands. In den »Württembergischen Jahrbüchern« 1825 ist zu lesen, sie sei »ebensosehr durch ihre Einrichtung als durch die Schnelligkeit ihrer Produktion ein Gegenstand der Bewunderung« gewesen. Dabei hatten die sämtlichen Papiermühlenbesitzer in Württemberg, deren Betriebe ja noch immer im Handschöpfverfahren arbeiteten, nach Kräften versucht, das Rauchsche Projekt zu stoppen. Sie fürchteten den absehbaren Konkurrenzdruck und die Gefahr, von der neuen Entwicklung überrollt zu werden. Die Arbeitsplätze der bestehenden Mühlen seien nicht mehr sicher, viele Familien würden in Not gestürzt, hieß es damals nicht zu Unrecht.

Im Jahre 1829 steckten nahezu 360 000 Gulden Anlage- und Betriebskapital in der Fabrik der Gebrüder Rauch, die am höchsten unter allen Unternehmen am Ort zur Steuer veranschlagt wurde. Mitte 1831 waren dort 30 Arbeiter und 80 Arbeiterinnen tätig. Die Rohstoffbeschaffung war neben der Sicherung hinreichender Wasserkräfte ein ernstes Problem, denn die Maschinenfabrikation verlangte weit mehr Rohstoff, nämlich Lumpen, als der langsamere und produktionsschwächere Handschöpfbetrieb. Württemberg war seit 1810 in über 50 Lumpensammelbezirke mit reglementierten Sammelkonzessionen eingeteilt. 1831 wurde die Freigabe des Lumpenhandels von den Gebrüdern Rauch politisch durchgesetzt. Erwartungsgemäß zogen die Lumpenpreise an, was die kapitalstarken Rauchs begünstigte und ihnen die Möglichkeit zur Expansion verschaffte. 1842 beschäftigten die zwei Heilbronner Papierfabriken Rauch und Schaeuffelen zusammen 457 Lumpensammler, 1865 nicht weniger als 800. Als die Lumpenverknappung die Verwendung von Surrogatstoffen erforderlich machte, beteiligte sich die Firma Rauch 1870 neben der Papierfabrik von Gustav Schaeuffelen an einer von dem Techniker Emil Zech (1824 bis 1881) hier gegründeten Strohstoffabrik, doch wandten sich beide Firmen von solchen Zusatzstoffen bis zum Ende des Jahrhunderts fast vollständig wieder ab. Wegen der Nutzung der Wasserkräfte lagen die Unternehmen Rauch und Schaeuffelen lange Zeit miteinander im Streit. In den Jahren 1834/35 wurde eine zweite englische Papiermaschine in der Rauchschen Fabrik aufgestellt, 1841/42 eine dritte.

Am Ende des 19. Jahrhunderts verlegten die Gebrüder Rauch, bei denen damals etwa 300 Personen beschäftigt waren, ihre Produktion ganz auf feine und feinste Papiere. Die Qualität dieser Erzeugnisse war europaweit geschätzt. Der Absatz ging aber auch nach Übersee. Im Jahr 1923 wurde die Firma in eine Aktiengesellschaft umgewandelt, 1924 schlossen Rauch und Schaeuffelen eine Interessengemeinschaft, wodurch die Leistungsfähigkeit beider Werke wesentlich gestärkt wurde. Zusammen verfügten beide über neun Papiermaschinen, mit denen »alle Sorten holzfreier und hadernhaltiger Papiere« hergestellt werden konnten. Doch schon 1926 mußte Schaeuffelen liquidieren. Im Zweiten Weltkrieg wurde die Rauchsche Papierfabrik 1942 stillgelegt, bei Luftangriffen 1944/45 völlig zerstört. Der Wiederaufbau nach dem Krieg ab 1949 erfolgte als GmbH und Großhandelsunternehmen in Feinpapieren. Im Jahre 1988 fusionierte die Firma Gebrüder Rauch GmbH mit drei anderen Unternehmen, mit denen sie schon seit Jahren kooperiert hatte, zur Papier Union GmbH & Co. KG, die heute zu den größten deutschen Papiergroßhandelsunternehmen zählt.

Die Zukunft auf den Weg gebracht
Carl Reuß

»Um so erfreulicher war nach langem Warten den Bewohnern des unteren Neckars das Erscheinen des ersten Dampfboots auf diesem Flusse. Überall sammelten sich Hunderte, um das neue Schauspiel zu sehen ...«, schrieb der Heilbronner Stadtschultheiß Heinrich Titot in seinen »Notizen über die Dampfschiffahrt auf dem Neckar« 1844. Mit diesem Ende 1841 in der Stadt Heilbronn angekommenen Boot hat die Heilbronner Neckardampfschiffahrtsgesellschaft im Jahr darauf die Personenbeförderung aufgenommen.

Initiator und treibende Kraft dieser Gesellschaft war der Heilbronner Kaufmann Carl Reuß (1788 bis 1847), der sich mit rastlosem Eifer für die Belebung von Handel und Gewerbe einsetzte. 1830 gehörte er zu dem kleinen Kreis engagierter Männer aus der Wirtschaft, der in Stuttgart jene bekannte »Gesellschaft für die Beförderung der Gewerbe in Württemberg« ins Leben rief und später über sie großen Einfluß auf die ökonomische Entwicklung des Landes nahm. Um den Eigenhandel der Heilbronner Kaufleute und den Speditionshandel über den Neckarweg an das rheinische Verkehrsnetz und die dortigen Umschlagplätze unmittelbar anzubinden, initiierte Reuß eine Handelsschiffahrt, die bald bis nach Holland reichte. Für den Personenverkehr nach Mannheim mit Anschluß an die Rheinschiffahrt organisierte er die Neckardampfschiffahrt, mit deren Einführung Heilbronn auf dem Verkehrsweg Neckar die führende Rolle übernahm. Auf ihn ging auch die Gründung der ersten Transportversicherungsgesellschaft in Deutschland zurück. Daneben gehörte Reuß zu den tatkräftigsten Befürwortern der Eisenbahn, deren wirtschaftliche Bedeutung er früh erkannte. Nicht zuletzt ihm war es zu verdanken, daß Heilbronn bei den anfänglich privaten Planungen nicht in eine Abseitsposition geriet.

Carl Reuß, der einer alten Beamten- und Gelehrtenfamilie entstammte, die zur geistigen Elite Württembergs gehörte, betätigte sich in Heilbronn

Carl Reuß (1788-1847)

als Kaufmann. Laut dem städtischen Adreßbuch von 1836 betrieb er zusammen mit seinem Schwager Christian Heyd (1780 bis 1869) eine Materialwarenhandlung. Das Unternehmen firmierte 1843 mit Reuß & Söhne, 1851 war es Großhandlung, Mitte der 50er Jahre wird die Firma nicht mehr genannt.

Nachdem Baden 1827 den Mannheimer Zwangsstapel aufgehoben hatte, schickte der Heilbronner Handelsstand auf Initiative von Reuß sogenannte Rangschiffe nach Mainz, später nach Köln, um an den dortigen Umschlagplätzen Waren aufzunehmen. Seit 1840 fuhren diese Schiffe direkt nach Holland, wo Amsterdam der wichtigste Platz gewesen ist, an dem Süddeutschland seinen Bedarf an Kolonialwaren, insbesondere Kaffee und Zucker, deckte.

Der Neckar war als Schiffahrtsweg für die wirtschaftliche Entwicklung Heilbronns und als »Zubringer« für die über den Rhein kommenden Importgüter schon immer von Bedeutung gewesen. Da die Neckarschiffahrt bergwärts jahrhundertelang in Heilbronn endete, entwickelte sich die Stadt zu einem ansehnlichen Umschlagplatz für Transitgüter. Der Aufschwung des Neckarhandels seit dem 18. Jahrhundert veranlaßte zahlreiche kapitalkräftige Handels- und Speditionsunternehmen, sich hier niederzulassen und ihre Geschäfte von Heilbronn aus zu betreiben. Dadurch floß damals sehr viel Geld in die Stadt. In den napoleonischen Kriegen kam die Neckarschiffahrt allerdings fast völlig zum Erliegen, und erst in den 20er Jahren des vorigen Jahrhunderts wurde auch sie von der wirtschaftlichen Wiederbelebung erfaßt und erfuhr schließlich, nicht zuletzt durch die Aktivitäten des Heilbronner Handelsstandes, ein starkes Wachstum.

Im Jahre 1837 wurde in Heilbronn als erste deutsche Transportversicherungsgesellschaft überhaupt die Württembergische Schiffahrts-Assecuranz-Gesellschaft gegründet, wozu Carl Reuß aus praktischen und kommerziellen Gründen aufgerufen hatte. Die an dieser Aktiengesellschaft Beteiligten waren durchwegs Kaufleute, die einen großen Teil ihrer Warengeschäfte über die Wasserwege abwickelten. Zwar hatte man für den Transport per Schiff auch zuvor schon im benachbarten Ausland eine Risikoversicherung abschließen können, doch scheint man ungute Erfah-

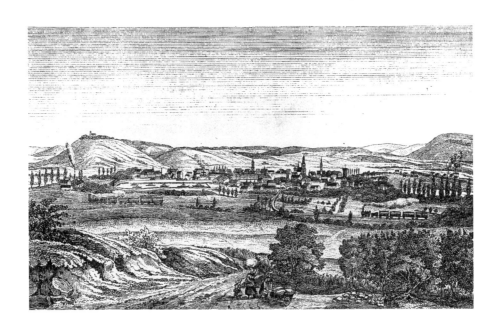

Eisenbahnknoten Heilbronn nach 1862

Fahrplan von 1849

rungen gemacht zu haben. Der württembergische König anerkannte die Gesellschaft unter Zubilligung der Gemeinnützigkeit und Zusicherung gesetzlichen Schutzes. Dem Gründungsgremium hatten neben Reuß noch neun weitere angesehene Heilbronner Unternehmer angehört; Reuß wurde auch in den Vorstand gewählt. Agenturen an den wichtigsten Umschlagplätzen an Neckar und Rhein sollten das Geschäft beleben. 1853 wurde der Versicherungsbereich auf Landtransporte, einschließlich der Eisenbahn, ausgedehnt, und das Unternehmen firmierte in Württembergische Transport-Versicherungs-Gesellschaft zu Heilbronn um. Während der großen Auswanderungswelle in der Jahrhundertmitte mußte die Versicherung auf staatliches Einwirken hin die »Effekten« aller Auswanderer unter Versicherungsschutz nehmen. Damit sollte einer gänzlichen Verarmung der Emigranten vorgebeugt werden, falls diese während der Reise ihre Habseligkeiten verlieren würden.

Im Jahre 1939 fusionierte die Gesellschaft mit der 1840 gegründeten Badischen Assecuranz-Gesellschaft Aktiengesellschaft in Mannheim, die ihre Tochter, die Schiffahrts-Assecuranz-Gesellschaft Aktiengesellschaft mitbrachte, zur Württembergische und Badische Vereinigte Versicherungsgesellschaften Aktiengesellschaft (WÜBA), die wiederum seit 1972 als Württembergische und Badische Versicherungs-Aktiengesellschaft firmiert.

Schon 1817 war auf dem Neckar vor Heilbronn ein von dem Kaufmann Ludwig Bruckmann (1785 bis 1833) gebautes, von einer Dampfmaschine getriebenes Boot gefahren, doch hat dieser das Projekt nicht weiterverfolgt. Spätestens seit 1827, als auf dem Rhein der regelmäßige Dampfbootverkehr für Reisende aufgenommen wurde, beschäftigte diese neue Art der Personenbeförderung auch den Heilbronner Handelsstand. Aber erst im Jahre 1839 – und wieder einmal auf Veranlassung von Carl Reuß – wurde mit dem Ziel, Handel und Verkehr »für die ganze untere Neckargegend« zu erweitern, eine Actien-Gesellschaft für Neckar-Dampfschiffahrt gegründet, deren Vorstand auch ihr Initiator angehörte. Die Zukunftsaussichten schienen günstig, die »Seichtigkeit« des Fahrwassers und die »schnelle Fahrt des Flusses« bereiteten allerdings Sorgen, denn sie ließen nur Boote mit geringem Tiefgang zu, und solche wurden auf deutschen Werften nicht gebaut. Unter dem Zwang der Verhältnisse vergab man den Auftrag nach Frankreich, und die Firma M. Gâche fils ainé in Nantes lieferte dann 1841 jenes erste Neckardampfschiff, von dem eingangs die Rede gewesen ist. Es war am 7. Dezember vor Heilbronn angekommen. Die lithographische Anstalt der Gebr. Wolff hat das eindrucksvolle Bild festgehalten; es war ja in der Tat auch ein epochales Ereignis. Das 38 m lange, 3 m breite, 20 PS starke Boot erreichte bei 140 Zentnern Ladung gerade 30 cm Tiefgang. Die von Gâche gebauten Dampfboote galten als technische Meisterwerke. Sie besaßen alle Eigenschaften, wie Willy Zimmermann in seinem Neckar-Buch schreibt, »um auf Flüssen ... mit geringer Wassertiefe, rascher Strömung, reißenden Stromschnellen und engen Krümmungen fahren zu können«. Eine Dampfmaschine mit niedrigem Druck garantierte Sicherheit, weshalb der Bootstyp die Bezeichnung »Inexplosible« führte. Mit diesem Boot, das später König Wilhelm von Württemberg, welcher der Neckardampfschiffahrt größtes Interesse und höchstes Wohlwollen entgegenbrachte, auf seinen Namen getauft hat, wurde 1842 die fahrplanmäßige Personenschiffahrt neckarabwärts aufgenommen (an Fracht sollten nur eilige Stückgüter befördert werden).

Der Neckarverkehr bildete die beste Verbindung zwischen Heilbronn und Mannheim, denn eine Straße durch das Neckartal gab es damals noch nicht, und Reisende nach Heidelberg hatten bisher den beschwerlichen Weg über die Höhen des Odenwaldes nehmen müssen. Der bequemere Neckarweg erfreute sich deshalb regen Zuspruchs, das Passagieraufkommen übertraf alle Erwartungen. Allerdings muß man wissen, daß damals viele Auswanderer auch auf dem Wasserweg zu den Überseehäfen fuhren, deren Beförderung zu verbilligten Tarifen kein gewinnbringendes Geschäft gewesen ist. Täglich fuhr ein Boot nach Heidelberg, später bis Mannheim, wo Anschluß an die Rheinschiffahrt bestand. Nach dem Anschluß Heilbronns an die württembergische Nordbahn im Jahre 1848 nahm das Geschäft zunächst einen großen Aufschwung. Doch seit der Fertigstellung der Westbahn 1853 mit Anschluß nach Mannheim sollte die Eisenbahn zu einem tödlichen Konkurrenten für die Neckardampfschiffahrt werden, die einfach zu langsam war. Der Niedergang setzte ein, 1857 mußte das Heilbronner Unternehmen, das einmal sechs Schiffe in Besitz

Heilbronns erster Bahnhof (1865)

hatte, liquidieren. Seit 1858 führte der Staat den Betrieb, stellte ihn wegen Unrentabilität aber 1869 ein.

In derselben Zeit, in der Carl Reuß sich für die Einrichtung der Neckardampfschiffahrt einsetzte, machte er sich auch für den Aufbau eines privaten Eisenbahnsystems und den Anschluß Heilbronns an eine Nord-Süd-Strecke stark. Die erste deutsche Eisenbahn war am 7. Dezember 1835 zwischen Nürnberg und Fürth gefahren und hatte allenthalben Euphorie ausgelöst. Schon im Sommer dieses denkwürdigen Jahres war auch hier die Eisenbahnfrage in den Stadtrat getragen und auf die Wichtigkeit des in Deutschland heiß diskutierten Verkehrsmittels, vor allem für den heimischen Handel, hingewiesen worden. Anfangs des folgenden Jahres wurde auf einer Eisenbahnkonferenz in Stuttgart Heilbronn in jene Bahnlinie einbezogen, welche zwischen Donau und Rhein geführt werden und Württemberg mit Baden verbinden sollte. Da zur Finanzierung des Unternehmens eine Aktiengesellschaft am zweckmäßigsten erschien, wandte man sich mit der Aufforderung zur Zeichnung von Aktien an die Öffentlichkeit und drängte auf baldigen Beginn des Unternehmens, an dem insbesondere das Wirtschaftsbürgertum Interesse hatte. In einem Grundsatzreferat faßte Reuß bei einer öffentlichen Veranstaltung die zentralen Argumente zusammen, die eine Linienführung des neuen Verkehrsmittels nach oder über Heilbronn unumgänglich machten. Letztendlich war aber alles umsonst, weil die württembergische Regierung das heimische Eisenbahnnetz, mindestens dessen Hauptlinien, in staatlicher Regie aufbauen und betreiben wollte. Aber erst 1843 legte sich der Staat mit dem Eisenbahngesetz hinsichtlich dieser revolutionären verkehrstechnischen Neuerung und der künftigen Streckenführung fest – als man nämlich fürchten mußte, durch die Entwicklung in den benachbarten Ländern ins Abseits gedrängt zu werden. Die Gefahr, vom Transithandel ganz umgangen zu werden, gab den Ausschlag für die Übernahme des neuen Verkehrsmittels. Heilbronn erhielt 1848 Anschluß an die württembergische Nordbahn, am 25. Juli fuhr der erste Zug in die Stadt ein. Die Eisenbahn war für sie jetzt zu einer Lebensfrage geworden, da der heimische Handel unter den niedrigen Preisen der badischen Rheintalbahn bereits schwer zu leiden hatte, vor allem unter dem Konkurrenzdruck Mannheims. Die Anbindung an die

Eisenbahn wirkte sich für Heilbronn dann in der Tat auch günstig aus, nicht zuletzt auf die Neckarschiffahrt, und die Stadt wurde wieder zum zentralen Umschlagplatz für alle von Norden her kommenden württembergischen Einfuhrgüter.

Die Tätigkeit von Carl Reuß erschöpfte sich nicht im Verkehrswesen. Er dachte und agierte in einer außerordentlichen wirtschaftlichen Spannbreite. Heilbronn hat ihm viel zu verdanken. Die Benennung einer Straße nach ihm war eine verdiente posthume Ehrung.

Im Vorwort seines kleinen Buches »Die Neckarfahrt von Heilbronn bis Heidelberg« schreibt Ernst Friedrich Kaufmann 1843: »Die Dampfschiffahrt auf dem untern Neckar hat dem Reisenden ein Tal eröffnet, das ... gewiß bald in die Reihe der Lieblingsorte unserer Touristen eintreten wird.« Wie recht er mit dieser Vorausschau doch hatte!

Erfolg und Tragödie
Gustav Schaeuffelen und Johann Widmann

Neben der Papierfabrikation hat der Papiermaschinenbau ganz wesentlich die Frühindustrialisierungsphase in Heilbronn mitbestimmt. Nur etwas mehr als zwei Jahrzehnte befaßten sich hier zwei bemerkenswerte Persönlichkeiten mit dem Bau jener epochalen Maschine, durch welche die Papierherstellung eine völlige Veränderung erfahren hat. Aber es waren auch 20 Jahre voller Dramatik, am Ende für einen der beiden gar von schwerer Tragik überschattet. Die Akteure waren Gustav Schaeuffelen (1798 bis 1848) und Johann Widmann (geb. 1799), dem nicht zuletzt die Kurzsichtigkeit von Behörden die Zukunft verbaute und dem Unverständnis das Unternehmen ruinierte.

Aufgrund der hauseigenen Darstellungen der Schaeuffelenschen Papierfabrik galt lange Zeit Gustav Schaeuffelen als derjenige, der erstmals in Deutschland eine Maschine für die Endlospapierfabrikation gebaut hat. Dem widerspricht jedoch die historische Forschung. Schaeuffelen hat fraglos einen großen Beitrag geleistet hinsichtlich der Übernahme technischer Errungenschaften in die frühindustrielle Bewegung, zumindest des deutschen Südwestens. Er war neben Widmann ein starker »Motor« bei der Einführung der Papiermaschine, und es kommt ihm neben jenem auch das Verdienst zu, Heilbronn zu einem wichtigen Zentrum des Papiermaschinenbaus gemacht zu haben. Auch manche spätere Neuerung ist ihm gutzuschreiben, etwa die Anbringung von »durchscheinenden Zeichen« an beliebiger Stelle des endlosen Maschinenpapiers. Das alles verleiht ihm im Prozeß der Frühindustrialisierung eine besondere Stellung. Widmann aber ist an erster Stelle zu nennen in der Geschichte des deutschen Papiermaschinenbaus. Ihm ausschließlich kommt der Ruhm zu, die erste deutsche Papiermaschine zur Anfertigung endlosen Papiers, abweichend von der Konstruktion der englischen Donkin-Maschine, geplant und gebaut zu

Gustav Schaeuffelen (1798–1848)

haben. Damit wies er dem künftigen deutschen Papiermaschinenbau den Weg. Im Jahre 1844 hat Widmann in einer Eingabe an den König unmißverständlich dargestellt, daß er der erste gewesen sei, »der im Lande und sogar in Deutschland eine Maschine zur Fabrikation endloser Papiere fertigte«. Das ist ihm auch von Zeitgenossen bestätigt worden, nicht zuletzt vom Heilbronner Stadtrat. Die Meriten sind also nicht Gustav Schaeuffelen zuzuschreiben.

Als man in der Papierfabrik der Gebrüder Rauch mit der aus England erworbenen Papiermaschine 1825 eben in die Erprobungsphase eingetreten war, reichte Gustav Schaeuffelen, welcher der Rauchschen Fabrik gerade gegenüber eine Papiermühle betrieb, bei der württembergischen Regierung ein Patentgesuch ein für eine von ihm erfundene Maschine zur Herstellung endlosen Papiers. Das war der ungestüme Versuch, Wettbewerbsfähigkeit zu wahren, nachdem es zuvor weder ihm noch allen anderen Papiermachern im Land gelungen war, die Aufstellung einer Papiermaschine bei dem neuen Konkurrenten zu verhindern. Das Gesuch wurde wegen Nachahmung bereits bekannter Technik abgewiesen. Schaeuffelen hat sich im übrigen später selbst zu seiner Imitation bekannt.

Gustav Schaeuffelen wurde in Heilbronn geboren als Sohn des württembergischen Hofküfers Johannes Schaeuffelen (1763 bis 1805), er kam also zunächst nicht aus einer Papiermacherfamilie. Nach dem Tod des Vaters verheiratete sich die Mutter, Elisabeth Bernhardine, geb. Koch (1755 bis 1838), 1809 in Enzberg bei Maulbronn mit dem ebenfalls aus Heilbronn stammenden Papierer Johann Christian Röder (1784 bis 1832). Sie hatte dort 1808 eine Papiermühle gekauft, die sie sich zur Hälfte mit dem Sohn teilte. In ihr soll Gustav das Papiermacherhandwerk gelernt haben. Elf Jahre später verkauften Mutter und Sohn die überschuldete Mühle wieder.

Als Buchhalter war Gustav Schaeuffelen schon im Jahr zuvor in die Heilbronner Papiermühle des Johann Valentin Ebbeke (1755 bis 1821) eingetreten, die er nach dessen Tod im Jahre 1822 auch erwarb. Im Herbst 1827 brannte sie ab. Anfangs 1829 konnte Schaeuffelen mit dem Handschöpfbetrieb wieder beginnen und im folgenden Jahr sogar eine für die Massenfabrikation geeignete Papiermaschine in Betrieb nehmen. Die firmeneigene Darstellung, Gustav Schaeuffelen sei der Erfinder und

Das Widmannsche Fabrikanwesen bei Neckargartach um 1845

Lagerhalle der Papierfabrik Schaeuffelen, 1924

Konstrukteur dieser Maschine gewesen, ist, wie bereits erwähnt, falsch. Es war finanziell gesehen zwar sein Verdienst, daß die Maschine gebaut werden konnte. Dahinter stand aber ein anderer, nämlich Johann Widmann.

Schon 1832 konnte man im »Rechenschaftsbericht« der Gesellschaft für die Beförderung der Gewerbe in Württemberg lesen, daß Widmann für Schaeuffelen »eine Maschine zu sogenanntem endlosem Papier« gebaut habe. Unanzweifelbar ist auch ein Eintrag im Heilbronner Stadtratsprotokoll 1847, wo es heißt, Widmann habe »die erste Papiermaschine hier erbaut und die erste vollständige Werkstätte für solche Maschinen hier eingerichtet«. Auch Widmann selbst sagte 1844, daß er Gustav Schaeuffelen die erste Papiermaschine, »worauf derselbe endloses Papier fabrizierte«, gebaut habe. Der Anteil Schaeuffelens an diesem ersten deutschen Papiermaschinenbau ist also auf ein »Minimum« zu reduzieren.

Johann Widmann war als Sohn des Drehermeisters Johann Friedrich Widmann (1752 bis 1823) in Heilbronn geboren, hatte das Handwerk des Vaters gelernt und war von einem Halbbruder in Prag in die Mechanik eingeführt worden. 1822 rief ihn der schwerkranke Vater von der Moldau an den Neckar zurück. Noch minderjährig wurde er Meister, und 1823 verheiratete er sich mit Luise, geb. Nothwang (geb. 1802), die ebenfalls in Heilbronn das Licht der Welt erblickt hatte.

Der Erfolg der von Widmann für Schaeuffelen gebauten Papiermaschine sprach sich herum, denn Schaeuffelen hatte offenbar mit ihr keinerlei Qualitätsprobleme. So kam Widmann zu weiteren Aufträgen und trug sich bald mit dem Gedanken, sich als Maschinenbauer selbständig zu machen. Schaeuffelen, durch den Erfolg Widmanns angeregt, scheint in dieser Zeit ebenfalls über die Aufnahme der gewerbsmäßigen Papiermaschinenfabrikation nachgedacht zu haben. Jedenfalls hat er die Selbständigkeitsbestrebungen Widmanns nicht unterstützt, obgleich dieser ihm 1832 eine zweite Maschine aufgestellt hatte. Widmann sah sich nun um die »reichen Früchte seines Talentes und Strebens« betrogen. Erst im Frühjahr 1833 gelang es ihm, in einem Haus beim Sülmertor eine Werkstatt einzurichten. Zwei Jahre später bezog er auf städtischem Grund und Boden vor der Stadtmauer einen Arbeitsschuppen. Am Neckar eine

Maschinenfabrik zu bauen und zu ihrem Betrieb die Wasserkraft des Flusses zu nützen, wurde ihm durch Einsprüche unmöglich gemacht. Zu den Einsprechern gehörte auch Schaeuffelen. Widmann arbeitete 1837 mit vier Drehergesellen und zwei Dreherjungen sowie zwölf Schlosser- und Zeugschmiedgesellen. Der Heilbronner Stadtrat bestätigte ihm, »daß sich seine Gewerbeeinrichtung von dem gewöhnlichen handwerksmäßigen Betriebe des Dreher- und Schlossergewerbes auf eine die Fabrikation fördernde Weise unterscheide«. Als die Stadt die Räumung ihres Platzes wegen Eigenbedarfs anmahnte, mußte Widmann sich einmal mehr auf die Suche nach einem geeigneten Betriebsgelände machen, das er endlich 1840 in dem benachbarten Neckargartach (heute Heilbronner Stadtteil) am Leinbach außerhalb des Dorfes fand. Er erstellte ein Wasserwerk, konnte 1841 seine neue Werkstatt mit Metalldreherei beziehen, 1843 eine Papierfabrik in Gang setzen und 1844 eine Eisengießerei in Betrieb nehmen. Der Stadtrat in Heilbronn bezeugte ihm 1851 zum wiederholten Male, daß er in der Nähe von Neckargartach »eine vollständige Maschinenfabrik, wie keine hier betrieben wird, in Verbindung mit einer Papierfabrik und Eisengießerei« erbaut habe. 1844 beschäftigte er bis zu 80 Arbeiter.

Bis dahin hatte Widmann 80 000 Gulden in sein neues Anwesen investiert, die er aus eigenen Mitteln nur teilweise bestreiten konnte. Außerdem brauchte er Betriebskapital. Als ihm 1844 ein zinsbegünstigtes staatliches Darlehen versagt wurde, drang Luise Widmann in der Sache bis in das königliche Kabinett vor, worauf der König 1845 höchstpersönlich einen Kredit von 50 000 Gulden genehmigte. In diesem Augenblick legte das Schicksal Widmann eine Schlinge, in der er zu Fall kommen sollte: Als der Heilbronner Kaufmann Friedrich Adelmann (1798 bis 1873) ihm geliehene Gelder wegen ungünstiger eigener Verhältnisse kurzfristig zurückforderte, sah sich Widmann, der zu diesem Zeitpunkt von der königlichen Bewilligung noch nichts wußte, gezwungen, bei der Hofbank in Stuttgart einen Kredit zu normalem Zinsfuß aufzunehmen. Darauf wurde ihm das zinsverbilligte Darlehen wieder gestrichen, weil man sich bei der Regierung durch sein Darlehensgeschäft mit der Hofbank hintergangen fühlte. Ein zweites Darlehensgesuch 1847, für dessen Gewährung Widmann als Sicherheit sein ganzes mobiles und immobiles Vermögen anbot, wurde abgelehnt. Das mußte zwangsläufig das Ende bedeuten. An diesem entscheidenden Punkt, so muß man rückblickend feststellen, haben die staatlichen Organe völlig versagt und eine große Chance im Sinne der wirtschaftlich-industriellen Fortentwicklung des Landes kurzsichtig verspielt. Widmann geriet in Konkurs, am 14. Mai 1849 wurde seine Fabrik mit allem Zubehör öffentlich versteigert. Bei einem Gesamtwert von 110 000 Gulden ging sie um den Spottpreis von 30 000 Gulden in das Eigentum Adelmanns über. Widmann und seine Familie mußten das Anwesen räumen, am 22. August 1849 verließ er zusammen mit seinem ältesten Sohn Adolf (geb. 1824) das Land, um in Amerika ein neues Glück zu suchen. Luise Widmann zog mit den zurückgebliebenen Kindern nach Karlsruhe, wo sie in armseligsten Verhältnissen lebte und unterstützungsbedürftig wurde.

Johann Widmann ist in Amerika verschollen, so heißt es in allen Publikationen über ihn. Der Verfasser kennt einen Brief Adolf Widmanns an die Mutter und Geschwister vom 15. September 1850 (der allerdings erst im April 1851 befördert werden konnte), aus dem in groben Zügen der Weg Widmanns durch Nordamerika bis Salt Lake City zu ersehen ist. Danach scheinen er und der Vater in New Orleans amerikanischen Boden betreten zu haben, von wo sie vermutlich den Mississippi und den Missouri bis St. Joseph hinauffuhren. Von hier aus jedenfalls traten sie am 18. Mai 1850 die »beschwerliche Reise zu Land« an. Am 8. August 1850 kamen sie »krank und schwach« und mit gerade sieben Dollar in der Tasche in Salt Lake City an. »Wir wohnen in einem Stall, wo wir noch das Vieh ... hinaustreiben mußten, um ihn wohnbar zu machen ... Glaubt mir sicher, ... daß der ärmste Tagelöhner in Deutschland nicht so wohnt und lebt wie wir, obgleich hier sehr viel Geld zirkuliert ...« Nach Kalifornien oder in die Goldminen weiterzureisen, waren sie zunächst unfähig. Mit dem Geld von Privatleuten wollten sie eine Dreschmaschine bauen. Adolf rechnete sich aus, mit der Maschine den Herbst und Winter über soviel Geld verdienen zu können, um eventuell nach Deutschland zurückzureisen, »denn Amerika ... ist kein Land für den Vater«. Die Hoffnungen Adolfs erfüllten sich jedoch nicht, und er reiste am 28. März 1851 »nach den Goldminen« ab, wie aus einem undatierten kürzeren Begleitschreiben des Vaters zu Adolfs Brief zu ersehen ist. Der Vater wollte ihm bis Mitte Mai folgen. Aus einer nicht zuzuordnenden und nicht datierten Zeitungsnotiz geht des weiteren hervor, daß beide, vermutlich im Spätsommer bzw. Herbst 1851, San Francisco erreicht haben. Der Vater war aber danach nicht im Stande, seiner Familie »auch nur irgendeine Unterstützung zuteil werden zu lassen«, weshalb um Hilfe für die in großer Not lebende Familie in Karlsruhe aufgerufen wurde. Adolf hatte sich für die kalifornische Miliz anwerben lassen, so daß der Vater allein dastand.

»Leider wird es immer noch ein paar Jahre anstehen, bis uns das Schicksal wieder vereint«, schrieb Widmann in dem genannten Brief an seine Frau. Ende des Jahres 1851 wandte sich Luise an den württembergischen König mit der Bitte um finanzielle Beihilfe zur Auswanderung nach Nordamerika. Sie legte dar, eine Tochter dort habe sie aufgefordert zu kommen. Diese Tochter war Bertha (1831 bis 1902), die sich 1849 mit dem Arzt Joseph Schwarz (1820 bis 1864) verheiratet hatte. Die Eheleute Schwarz lebten damals in Covington in Kentucky. Luise erhielt von staatlicher Seite jedoch keine Auswanderungsunterstützung. Die Heilbronner Stiftungspflege gewährte schließlich einen Reisekostenzuschuß von 200 Gulden. Im Sommer 1852 verließen die Widmanns die Heimat. In den USA leben noch Nachkommen der Bertha Widmann. Die Familienüberlieferung besagt, daß die Tochter, nachdem die Mutter mit den Kindern von Covington aus in Richtung Westen Amerikas abgereist war, nie mehr etwas von ihren Eltern und Geschwistern gehört habe.

Bis zum Jahre 1853 hat die Firma Bryan Donkin & Co. 46 Papiermaschinen nach Deutschland geliefert, und erst um die Jahrhundertmitte hat die Zahl der hier gebauten Maschinen die der eingeführten erreicht. Bis 1843 baute Widmann 31 Papiermaschinen. Sein Aktionsradius reichte weit über Württemberg und die deutschen Lande hinaus bis in das osteuropäische Ausland. In Schaeuffelens Werkstatt scheinen bis 1853 20 Papiermaschinen gebaut worden zu sein. Auch er lieferte ins Ausland. Die Gesamtproduktion beider Unternehmen belief sich also von 1829/30 bis 1853 auf mindestens 51 Maschinen.

Dem Heilbronner Papiermaschinenbau kam beim Übergang zur maschinellen Papierherstellung große Bedeutung zu. Er prägte die frühindustrielle Phase schlechthin mit und leistete einen bedeutenden Beitrag zur Überwindung des technischen Defizits, war man zuvor doch vollständig auf den Import angewiesen. Immerhin kam das Gros der hier gebauten Maschinen auch in deutschen Landen zur Aufstellung. Es war ein zukunftsträchtiges Unternehmen, die deutsche Papierproduktion mit einer gewissermaßen »vor Ort« gebauten Maschine vom englischen Maschinenbau unabhängig zu machen. Widmann hat für sein Vaterland einen großen innovativen Schritt getan. Die Heilbronner Maschinen kosteten nur etwa ein Drittel soviel wie die englischen. So konnten nicht zuletzt solche Kunden gewonnen werden, die ihrer mangelnden Bonität wegen für die Firma Donkin als Geschäftspartner nicht in Frage gekommen wären. Mit den preiswerten Heilbronner Maschinen bot sich also auch jenen Papierern die Chance zum Umsteigen auf die Maschinenproduktion und zur Teilnahme am Modernisierungsprozeß, die weniger kapitalkräftig waren als z.B. die Gebrüder Rauch. Immerhin stammte um die Jahrhundertmitte etwa ein Viertel aller in Deutschland aufgestellten Maschinen aus Heilbronn. Allerdings erhebt sich die Frage, wieweit der Heilbronner Papiermaschinenbau mit der technologischen Entwicklung Schritt gehalten hat. Jedenfalls suggeriert eine im »Gewerbeblatt für Sachsen« 1844 erschienene Notiz, zu geringe technologische Innovationsfähigkeit habe zum Ende der hiesigen Maschinenproduktion beigetragen.

Die Papierfabrik von Gustav Schaeuffelen wurde nach dessen Tod in eine Familienaktiengesellschaft umgewandelt und firmierte nun als Gustav Schaeuffelen'sche Papierfabrik. 1921 erwarb sie die Papierfabrik Gebrüder Laiblin in Pfullingen, 1924 ging sie eine Interessengemeinschaft mit der benachbarten Firma Gebrüder Rauch ein, wodurch diese Unternehmen zum größten Feinpapierkonzern in Deutschland wurden. Doch schon 1926 wurde die Firma liquidiert. Die Papierfabrik Widmanns wurde nach der Zwangsversteigerung von Adelmann weitergeführt, danach war die Firma im Besitz von Karl Krauß. 1878 folgten die Geschäftsaufgabe und eine erneute Zwangsversteigerung der Fabrikeinrichtung. Das von Johann Widmann gegründete und aufgebaute Unternehmen hatte damit sein Ende gefunden. Das Tal, in dem er seit 1840 seine Fabrikanlage erstellt hatte, heißt heute Widmannstal.

Unbeugsam in Theorie und Praxis
Gustav Schmoller

Als im Jahre 1988 der Geburtstag Gustav Schmollers sich zum 150. Male jährte, ehrte die Stadt Heilbronn ihren bedeutenden Sohn mit einem Festakt, dessen brilliante Vorträge den Nationalökonomen, den »Politiker« und den Sozialreformer Schmoller porträtierten – eine in ihrer Zeit im In- und Ausland hochgeachtete Persönlichkeit.

Gustav Schmoller (1838 bis 1917) war ein Wissenschaftler aus Leidenschaft, ein Meister der interdisziplinären Forschung. Seine historischen Arbeiten setzten Maßstäbe. Aber Schmoller war nicht Historiker, sondern verstand sich stets als historisch arbeitender Nationalökonom. Als Begründer und Hauptvertreter der jüngeren historischen Schule der Nationalökonomie stand er im Gegensatz zur klassischen Volkswirtschaft. Schmoller gab der historischen Forschung den Vorzug vor theoretischen Denkmodellen, wollte nur aus historisch-empirischen Ergebnissen gewonnene und formulierte Einsichten gelten lassen und bestimmte mit seinem Verständnis der Nationalökonomie deren Weg. Seine Wissenschaftlichkeit freilich ist von der Nachwelt in Zweifel gezogen worden, weil er kein System in theoretischer Geschlossenheit und Abrundung anzubieten vermochte. In sozialpolitischer Hinsicht, in der drängenden sozialen Frage, kommt Gustav Schmoller das Verdienst zu, einen gangbaren Weg zwischen dem reinen Liberalismus und einem Staatssozialismus aufgezeigt zu haben. Er hat der »sozialen Blindheit des liberalen Kapitalismus«, so Karl Heinrich Kaufhold in seinem Schmoller-Aufsatz 1988, entgegengewirkt und sozialpolitisches Denken gewissermaßen »hoffähig« gemacht. Vom Staat forderte er zeitgemäße Aktivität in der Form maßvoller Reformgesetzgebung. Mit seiner Aussage von 1897, das 20. Jahrhundert erst werde das eigentlich »soziale« sein, war er seiner Zeit voraus. »Wer vom Werden des Sozialstaats sprechen will, kommt an Schmoller nicht vorbei«, formu-

Gustav Schmoller (1838–1917)

lierte deshalb sehr treffend Hermann Albeck 1988 in seiner Heilbronner Rede. Auf politischer Ebene wirkte der Nichtpolitiker Schmoller ebenfalls im öffentlichen Bereich, indem er drängende Probleme aufgriff, sich dezidiert dazu äußerte und Konzeptionen entwickelte.

Heilbronn betrachtete Gustav Schmoller immer als seine »eigentliche Heimat«, und Heilbronn verdankt dem auch künstlerisch begabten jungen Schmoller eine Reihe höchst reizvoller Aquarelle mit Motiven aus dem über Jahrhunderte kaum veränderten Stadtbild, die heute wertvolle historische Dokumente nach dem völligen Untergang der alten Stadt durch die Luftangriffe des Jahres 1944 sind.

Gustav Schmoller war ein Sohn des württembergischen Kameralverwalters in Heilbronn Friedrich Schmoller (1795 bis 1865), der seit 1833 in der ehemaligen Reichsstadt amtierte und die staatlich-fiskalischen Rechte verwaltete. Die Vorfahren väterlicherseits waren Beamte in württembergischen Diensten oder Gelehrte, mütterlicherseits waren einige als Kaufleute an der berühmten Calwer Zeughandelskompagnie beteiligt gewesen, andere haben sich als Naturwissenschaftler einen Namen gemacht.

Nach der Reifeprüfung 1856 arbeitete Gustav Schmoller in der Kanzlei des Vaters, ehe er im Herbst 1857 das Studium der Kameralwissenschaften an der Universität Tübingen begann. Da er »eine klare Einsicht von dem Zusammenhang aller wirtschaftlichen Entwicklung mit der Staatsverwaltung« schon mitbrachte, lief das Studium der Nationalökonomie nur nebenher, Schmoller beschäftigte sich mehr mit Geschichte. Die Verbindung von Nationalökonomie und Geschichte bestimmte dann auch seine erste größere Arbeit, eine Untersuchung der volkswirtschaftlichen Anschauungen in der Zeit der Reformation, mit der er 1861 nicht nur eine Preisaufgabe gelöst, sondern auch den Doktor der Staatswissenschaften erworben hat. Das Referendariat nach dem ersten Staatsexamen leistete er beim Kameralamt in Heilbronn und dem württembergischen Kgl. statistisch-topographischen Bureau in Stuttgart ab, wo ihm die Auswertung der Gewerbezählung von 1861 übertragen war. Diese Arbeit ließ ihn die Bedeutung quantitativen Materials für die Beurteilung wirtschaftlicher Entwicklung erkennen, ebenso die Notwendigkeit des Rückgriffs auf empirische Daten. 1862 bezog Schmoller als überzeugter Vertreter des klein-

Schmollers Geburtshaus, das alte Kameralamt in Heilbronn

Aquarell Gustav Schmollers, Heilbronner Stadtansicht mit hölzerner Neckarbrücke

deutschen Gedankens in dem Zollvereinsstreit über den preußisch-französischen Handelsvertrag in einer anonymen Druckschrift Stellung für Preußen und setzte sich damit in scharfen Gegensatz zu den österreichfreundlichen süddeutschen Staaten, vor allem zu Württemberg. Der Bruch der Anonymität mußte da alle Hoffnungen auf eine Verbeamtung hierzulande beenden.

Im Jahre 1864 erhielt Gustav Schmoller einen Ruf als Professor für Staatswissenschaften an die Universität Halle. Hier begann er mit intensiven volkswirtschaftlichen und historischen Archivstudien. Damals, so sagte er später, »ist die eigentümliche Verbindung zwischen meinen volkswirtschaftlich-staatswissenschaftlichen Studien und meinen historischen Untersuchungen entstanden«. Sein Hauptwerk dieser Jahre, »Zur Geschichte der deutschen Kleingewerbe im 19. Jahrhundert«, hatte einen aktuellen Hintergrund: die Festschreibung der Gewerbefreiheit in der Gewerbeordnung des Norddeutschen Bundes 1869. Schmoller übte in seiner 1870 erschienenen Schrift – in der er aus der Geschichte die Grundlage gewonnen hatte für seine Beurteilung der aktuellen Gewerbepolitik – Kritik an der zu weitgehenden Liberalisierung, worauf er als »Kathedersozialist«, d. h. als antiliberal gebrandmarkt wurde. Überhaupt lassen sich die meisten historischen Studien Schmollers aktuellen politischen Fragen zuordnen. Im Jahre 1872 ging Gustav Schmoller an die neugegründete Reichsuniversität Straßburg, wo er mit Kollegen ein gemeinsames staatswissenschaftliches Seminar aufbaute. Dessen Arbeitsweise und Publikationstätigkeit bestimmten zunehmend die Richtung der nationalökonomischen Forschung und Literatur im Sinne der jüngeren historischen Schule. Der Erfolg von Schmollers Straßburger Tätigkeit trug dazu bei, daß er 1882 an die Universität Berlin berufen wurde. Schon 1881 hatte er die Herausgabe der »Jahrbücher für Gesetzgebung, Verwaltung und Volkswirtschaft im Deutschen Reich« übernommen, die er als »Schmollers Jahrbuch« zu einem zentralen Publikationsorgan der jüngeren historischen Schule machte.

Die negativen Folgen der industriellen Revolution wurden auch der klassischen Lehre der Nationalökonomie angelastet, die als unfähig angesehen wurde, umsetzbare Vorschläge zur Lösung der sozialen Frage zu machen. Die bis dahin geübte rationale Erkenntnistheorie galt deshalb als wirklichkeitsfremd. Man suchte nach einer Neuorientierung der Nationalökonomie auf realer Basis und fand sie in der sogenannten jüngeren historischen Schule, deren Begründer Gustav Schmoller gewesen ist.

Schmoller verlangte die Empirie als Grundlage der wissenschaftlichen Forschung, konkret: wirtschaftsgeschichtliche Monographien unter »Prüfung aller wesentlichen Ursachen der wirtschaftlichen Erscheinungen«. Im Vordergrund stand also die deskriptive Detailarbeit. Schmoller selbst gab 1879 bezüglich der Straßburger Tucher- und Weberzunft eine gleichsam paradigmatische Darstellung mittelalterlicher Stadtwirtschafts- und Gewerbepolitik, das Thema nach allen nationalökonomisch interessanten Richtungen ausleuchtend. Erst wenn das historisch relevante Material aufgearbeitet sei, so seine Meinung, verfüge man über eine ausreichende Anzahl Fakten, um daraus theoretische Einsichten gewinnen, generalisieren zu können. Schmoller wollte also die zukünftige Richtung des volkswirtschaftlichen Lebens aus der Geschichte feststellen. Die Forderung der historisch-induktiven Methode als der ausschließlich gültigen Form der Erkenntnisfindung und die unbedingt ablehnende Haltung gegenüber abstrakt-theoretischen Konstruktionen charakterisieren »das Credo der jüngeren historischen Schule«, wie Norbert Kloten 1988 in Heilbronn sagte. Schmoller bestimmte seit 1870 weitgehend den Weg der Wissenschaft, beeinflußte Arbeitsweise und Zielsetzung der nationalökonomischen Forschung in Deutschland. Sein Artikel »Volkswirtschaft, Volkswirtschaftslehre und -politik« im »Handwörterbuch der Staatswissenschaften« von 1911 ist sein »methodologisches Vermächtnis«.

In seiner Berliner Zeit dominierte Gustav Schmoller in seinem Fach mit Abstand. Seine Autorität schien unangreifbar, sein Einfluß unerschöpflich. Und dennoch war seine Forderung überzogen. Sie konnte nicht ohne Widerspruch bleiben. Vor allem war es Carl Menger (1840 bis 1921) in Wien, einer der namhaften Vertreter der reinen Theorie, der Schmoller scharf attackierte. Schon 1871 hatte er der herrschenden Lehre in Deutschland Theoriefeindlichkeit und daraus resultierend »Unfruchtbarkeit« vorgeworfen, 1883/84 griff er Schmoller erneut an. Er vertrat unnachsichtig den Standpunkt, daß über die unmittelbare Erfahrung hinausreichende Kenntnisse nur die theoretische, die deduktive Nationalökonomie zu geben vermöge. Die theoretische Analyse erfordere jedoch die Abstraktion, ohne die keine Forschung möglich sei. Schmoller beharrte auf seiner Methode, Theoretisieren erst dann zuzulassen, wenn alle psychologischen Kräfte und Ursachen des Geschichtsbildungsprozesses aufgedeckt seien, wie Harald Winkel in seinem Schmoller-Aufsatz 1989 bemerkt. In die Geschichte der deutschen Nationalökonomie ist diese Auseinandersetzung als Methodenstreit eingegangen. In Deutschland selbst ist es hinsichtlich Schmollers autoritärer Forderung bis nach dem Ersten Weltkrieg ruhig geblieben. Erst dann geriet die jüngere historische Schule auch hier unter schweren Beschuß, weil sie nicht fähig gewesen sei, für die anstehenden Probleme überzeugende Lösungen anzubieten. Dem hält Kaufhold entgegen, daß bei der Größenordnung und Neuartigkeit der wirtschaftlichen Probleme der Nachkriegszeit »eine besonders ausgeprägte, von den internationalen Verhältnissen sich deutlich abhebende Verantwortlichkeit der jüngeren historischen Schule für Fehlleistungen der deutschen Wirtschafts- und Finanzpolitik in der Zwischenkriegszeit« sich nicht belegen lasse. Schmoller wurde angelastet, in der historischen Betrachtung steckengeblieben zu sein, in der Überbewertung der Detailforschung, unfähig, eine formale Theorie zu entwickeln, zu generalisieren. Noch 1961 bemerkte Erwin von Beckerath im »Staatslexikon«, Schmoller sei der Prototyp einer Richtung gewesen, die »nicht scharf genug verurteilt« werden könne. Die jüngeren Nationalökonomen sahen ihn jedenfalls als »Verderber theoretischen Denkens, der die ökonomische Wissenschaft in Deutschland schwer geschädigt« und zur bloßen historischen Tatsachendeskription ohne Perspektiven für künftige Entwicklungen »verführt« habe. Schließlich ging die nationalökonomische Diskussion gar völlig an Schmoller vorbei.

»Gustav Schmoller hat, ohne an dem eigentlich parteipolitischen Getriebe teilzunehmen, die politischen Ereignisse der Zeit nicht bloß mit lebhaftem Interesse begleitet, er hat es stets für Recht und Pflicht gehalten, dazu vom Standpunkt des Historikers und Volkswirts Stellung zu nehmen«, schrieb Lucie Schmoller, geb. Rathgen (1850 bis 1928), 1920 einleitend zu einem Sammelband mit Aufsätzen und Vorträgen ihres Mannes. Und in der Tat hat Schmoller sich in aktuellen politischen Fragen stets sehr engagiert geäußert. Er war politischer Anreger und Mahner. Auch in publizistischen Organen, nicht zuletzt in seinem »Jahrbuch«, hat er vielfach Stellung bezogen, natürlich auch über den Verein für Socialpolitik. Schmoller redete einem wohldosierten Fortschritt das Wort, befürwortete die Demokratisierung durch behutsame Hinführung der unteren Klassen zu politischer Verantwortung, womit er in erster Linie die Arbeiterschaft meinte, deren Revisionismus seit 1893 er begrüßte. Auch in außenpolitischen Fragen hat er sich geäußert und sich eindeutig zu Gunsten einer Weltmacht Deutschland ausgesprochen.

Weitreichender war sein sozialpolitisches Engagement. Gustav Schmoller lebte in einer Zeit des Umbruchs, des wirtschaftlichen und sozialen Wandels, hervorgerufen durch die industrielle Revolution, die seit dem frühen 19. Jahrhundert auch Heilbronn mit vehementer Gewalt erfaßt und dessen Aufblühen Schmoller miterlebt hatte. Miterlebt hatte er aber auch die Bildung der neuen sozialen Schicht der besitzlosen Arbeiter, die, herausgerissen aus den traditionellen Bindungen, unter elenden Existenzbedingungen litten. Gustav Schmoller bezog Stellung. Im Gegensatz zum strengen Wirtschaftsliberalismus sah er es als Aufgabe des Staates an, in das soziale Geschehen regulierend einzugreifen und dieses nicht dem freien Spiel der Kräfte zu überlassen. Er plädierte für schrittweise und maßvolle Sozialreformen, um gewaltsamer Änderung zuvorzukommen, denn wirtschaftliches Unrecht gefährde den Bestand der Ordnung. Mit Gleichgesinnten fand Schmoller 1872/73 zur Gründung des gleichermaßen gegen das Manchestertum wie gegen den Sozialismus gerichteten Vereins für Socialpolitik zusammen. Auch seine Mitstreiter hier hielten eine Lösung der bedrohlichen sozialen Frage nur unter Mitwirkung eines sozialpolitisch bewußt handelnden Staates für möglich. Schmoller dachte an Preußen, in dem er den geeigneten Partner zur Ingangsetzung sozialer Reformen sah. Dem Verein und auch Schmoller persönlich kam zwar keine direkte politische Einflußnahme zu, aber sie wirkten doch indirekt. Bei den Versammlungen des Vereins ging es immer um aktuelle und zugleich zentrale sozial- und wirtschaftspolitische Fragen, die gesellschaftspolitisch gesehen wurden und für die auch Problemlösungen ausgesprochen wurden. Schmoller leitete den Verein von 1890 bis zu seinem Tod 1917 und machte ihn zum wichtigsten Forum wissenschaftlich-sozialreformerischen Denkens und sozialpolitischer Wegweisung. Mit der sogenannten »Kaiserlichen Botschaft« 1881 wurde dann die staatliche Sozialpolitik in die Wege geleitet. Es war wohl »das sichtbare Einlenken der Politik auf die Forderungen der Sozialreformer«, wie Winkel meint. Doch hat Bismarck seine eigenen sozialpolitischen Vorstellungen entwickelt.

Gustav Schmoller war und bleibt eine bedeutende Persönlichkeit, auch wenn die Nationalökonomie ihn lange schmählich behandelt hat. Um so erfreulicher ist es, daß das Interesse an ihm und an der jüngeren historischen Schule jetzt wieder erwacht ist. Ein 1988 in Heilbronn veranstaltetes internationales Symposium läutete eine Renaissance der Schmoller-Forschung ein. Die ersten Schritte dazu hatten zuvor schon die Amerikaner getan. Als Resultat jener neuen Sicht in den USA ist die Schmoller-Biographie »Not by Theory Alone...« von Nicholas W. Balabkins zu werten. Wenngleich hinsichtlich der Bedeutung Schmollers als Nationalökonom unter den Wirtschaftswissenschaftlern noch immer Uneinigkeit vorherrscht, war bei dem Heilbronner Symposium doch sachliche Diskussion möglich, die auf weiteren guten Fortgang in der Frage der Rehabilitation hoffen läßt. Es ist sicherlich falsch, da ist Kaufhold voll zuzustimmen, »Schmollers großes, in seinen Zusammenhängen und seiner Konsistenz beeindruckendes Werk allein unter dem Gesichtspunkt seines Verhältnisses zur ökonomischen Theorie zu sehen«.

Clevner gegen die Hybriden
Hermann Schneider

Als Johann Wolfgang von Goethe sich 1797 in Heilbronn aufhielt, vermerkte er in seinem Tagebuch, die Stadt lebe fast ausschließlich vom Weinbau. Und in der Tat war dieser seit alters die primäre Nahrungsquelle für ihre Bevölkerung. Kein anderes Gewerbe konnte sich jahrhundertelang auch nur entfernt in seiner Bedeutung für die Stadt mit ihm messen. Er bildete gewissermaßen das Rückgrat des heimischen Wirtschaftslebens und der Weingärtnerstand wiederum das des Weinbaus. Der Weingärtnerstand ist in Heilbronn der Stand schlechthin. Theodor Heuss bezeichnet ihn als »eine ziemlich abgeschlossene Gruppe« unter der Einwohnerschaft. »Ein hervorstechender Zug ist das außerordentlich entwickelte Standesbewußtsein gegenüber den übrigen Bevölkerungsklassen, in die durch die gewerbliche Entwicklung ein fluktuierendes Element gekommen ist. Sie fühlen sich als eigentlich seßhafte Bürger ...«, so Heuss.

Einer der bedeutendsten Vertreter des »Standes« war der Weingärtner Hermann Schneider (1879 bis 1955), der aus einem alteingesessenen Heilbronner Weingärtnergeschlecht stammte und sich auf dem Gebiet des Edelweinbaus und der Rebenveredlung bleibende Verdienste erworben hat. Mit der Selektion anbauwürdiger, weil sicher und reichtragender Rebsorten befaßte er sich »leidenschaftlich«. Seine erfolgreichen Züchtungen Schneider Trollinger, Clevner oder Schwarzriesling sind längst Allgemeinbesitz geworden. Diese trugen in erster Linie auch zur Förderung und Hebung des württembergischen Weinbaus bei, und seine Neuentdeckung Samtrot fand viele Freunde unter den Weinliebhabern. Die landläufige Meinung, daß die Qualität verliert, wenn man durch Selektion den Ertrag steigert, konnte Hermann Schneider widerlegen. Der Selektion sind allein durch das Minimum der äußeren Verhältnisse Grenzen gezogen. Mit seinem Engagement gegen den Anbau minderwertiger Sorten, vor allem

Hermann Schneider (1879–1955)

der sogenannten Hybriden, hat er sich ebenfalls hoch verdient gemacht. Schneiders Augenmerk galt zudem der Erhaltung des »Standes« (der bei dem schweren Luftangriff auf Heilbronn am 4. Dezember 1944 fast die Hälfte seiner Mitglieder und fast alle seine Gebäude verloren hat), der Verbesserung des Weinbaugebietes durch eine großangelegte Flurbereinigung zum Zweck einer rationelleren Bewirtschaftung und nicht zuletzt der Anerkennung des Weingärtnerberufes als »gelernter Beruf«. Als Hermann Schneider wegen seiner Verdienste um den Weinbau und den Berufsstand, den er in zahlreichen überörtlichen Einrichtungen uneigennützig und mit Erfolg vertreten hat, 1952 mit dem Bundesverdienstkreuz ausgezeichnet wurde, ließ er in seinen Dank die Geschichte von jener armen Holzfällerfrau einfließen, die, als sie zu dem bereits vorhandenen Häuflein Kinder noch Zwillinge bekam, in Ergebenheit meinte: »Man nimmt eben an, was über einen kommt!« Was könnte mehr für ihn und seine humorvoll-bescheidene Art sprechen?

Am Ausgang des vorigen Jahrhunderts kannte der Weinbau eine unglaubliche Sortenvielfalt (die Heilbronner Weingärtnergenossenschaft zum Beispiel hat auf einer Weinbauausstellung der 80er Jahre nicht weniger als 120 Sorten präsentiert!), und kaum ein Weingärtner konnte sich vorstellen, den Anbau auf wenige, aber qualitätvolle Sorten einzuschränken. Zu jenen, die dem Edelweinbau den Vorzug gaben, gehörte jedenfalls Hermann Schneider. Schon der Vater, Heinrich Schneider (1848 bis 1929), hatte sich mit der Rebenselektion befaßt, wenn auch in bescheidenem Umfang. Hermann bestockte 1906 eine Vergleichsanlage mit 36 sorgsam vorbeobachteten Trollinger-Klonen von einem Mutterstock, der stets durch reichen Behang aufgefallen war. In jahrelanger, geduldvoller Arbeit und nach mehrfachem selektiven Klonen und Aushauen minderwertiger Stöcke züchtete er daraus zwei besonders wertvolle Klone (4/7 und 29/5), auf denen der gesamte württembergische Trollingeranbau heute steht. Ihrer »gleichmäßigen, hohen Leistung in Menge und Güte verdankt der Weinbau unseres Landes eine zuvor nie gekannte Blüte«, hat der Neffe Otto Haag, wie Hermann Schneider jahrelang Präsident des Weinbauverbandes Württemberg-Baden, in einem Manuskript über »Die Anfänge der Rebenselektion« 1984 festgestellt. In diesem Text wurde auch Schneiders

Clevner-Züchtung gewürdigt. Diese Spätburgundersorte wäre ohne seine systematische Selektionsarbeit verlorengegangen. Mit Clevnerreben waren um 1840 auf Heilbronner Markung noch 40 ha Weinbergland bestockt. Mangel an Ertragsleistung als Folge fortwährender unkontrollierter vegetativer Vermehrung dezimierte jedoch laufend den Bestand. Mit den Klonen 47/1 und 49/8 hat Hermann Schneider aus der übernommenen Rebe wieder eine edle Sorte gezogen. Aber auch die Erhaltung des Schwarzrieslings hat der Weinbau ihm zu verdanken. Sein besonders leistungsfähiger, aus dem grünlaubigen Stock gewonnener Klon C 26/8 wurde in das Hochzuchtregister der Deutschen Landwirtschafts-Gesellschaft aufgenommen und trug seinem Züchter die ehrende Bezeichnung »Schwarzriesling-Schneider« ein.

Auch ist hier von einem Schwarzriesling-Mutanten zu berichten, auf den Hermann Schneider 1928 in einem ganz mit seinem Klon 26/8 bestockten Weinberg gestoßen ist, eine besonders auffallende Mutation, mit vollkommenen Trauben behangen. War mit der äußeren Veränderung auch der Wein ein anderer geworden? Vergleiche mit dem Schwarzriesling ergaben, daß er tatsächlich einen eigenen Charakter hatte und ein besonders feines Bukett. Er war samtiger als dieser und erhielt ob der Eigenschaft auch seinen Namen: Samtrot. Mit ihm war ein neuer Vertreter der Burgunderfamilie gefunden, der heute über einen festen Platz im heimischen Weinbau verfügt.

In den 20er Jahren hat Hermann Schneider sich mit großem Engagement für einen planmäßigen Wiederaufbau brachliegenden Weinberggeländes eingesetzt. Der Weinbau war damals in ständigem Abnehmen begriffen und in seinem Fortbestand durch politisch-wirtschaftliche Machenschaften bedroht. Es waren mächtige Stimmen gegen ihn laut geworden, in einem »roten« Blatt war gar zu lesen gewesen: »Wer seine Lebensfähigkeit nicht nachweisen kann, muß von der Bühne abtreten. Deshalb wird der sterbende Weinbau der wiederaufstrebenden Industrie weichen müssen. Je früher, desto besser für unsere gesamte Wirtschaft.« Nicht weniger gravierend waren die jahrelangen Auseinandersetzungen um die Erhaltung des Edelweinbaus. Während des Ersten Weltkrieges waren von Heilbronner Weingärtnern Hybridenreben eingeführt und

Kelter im Heilbronn des Jahres 1934

damit »in kurzsichtiger Weise die Hybridenpest über das ganze Land verbreitet« worden, wie Karl Haag in der »Gedenkschrift« der Heilbronner Ortsgruppe des württembergischen Bauern- und Weingärtnerbundes schreibt. »Die Gefahr war riesengroß, daß der deutsche Edelweinbau ein schmähliches und klägliches Ende nehmen werde.« Der Kampf gegen die »Hybridenseuche« mußte im ganzen Land geführt werden. Hermann Schneider engagierte sich auch hier, betrieb Aufklärungsarbeit, verfaßte auf dem Höhepunkt der Auseinandersetzung ausgangs der 20er Jahre zusammen mit dem Berufskollegen Heinrich Haag (1879 bis 1947) Denkschriften und richtete Eingaben an Regierung und Landtag. Dieser hatte in der Hybridenfrage das letzte Wort und war durchaus nicht abgeneigt, den Hybriden den Vorzug zu geben vor dem Edelweinbau. Die Heilbronner »Edel«-Weingärtner bearbeiteten Politiker auch direkt und noch unmittelbar vor der alles entscheidenden Sitzung im Landtag. Die Mühe zahlte sich aus: Mit einer Stimme Mehrheit wurde der Edelweinbau nicht nur für Württemberg, sondern letztlich für alle deutschen Weinbaugebiete gerettet.

Die Interessen seines Berufsstandes vertrat Hermann Schneider in vielen Gremien. Seit der Wiedererrichtung des Weinbauverbandes Württemberg-Baden 1947 stand er diesem als Präsident vor, und als solcher gehörte er auch dem Vorstand des Deutschen Weinbauverbandes und dem Weinbauausschuß des Bundesministeriums für Ernährung, Landwirtschaft und Forsten an. Zahlreich und nicht einfach waren die Aufgaben, die damals anstanden und bei denen es nicht zuletzt um den Schutz des heimischen Weinbaus ging. Tätig war er zudem in einigen Unterausschüssen des Deutschen Weinbauverbandes, wie etwa dem für Rebenzüchtung und -veredelung, sowie noch in anderen Einrichtungen.

Hermann Schneider war darüber hinaus ein aus innerer Überzeugung handelnder »homo politicus«, dessen politische Heimat die FDP/DVP gewesen ist. Schon in den Jahren 1933 bis 1935 hatte er dem Gemeinderat angehört. Nach dem Dritten Reich ist er als Vertreter des »Standes« 1945 in den Gemeindebeirat der Stadt Heilbronn berufen worden. Von 1946 bis 1955 saß er wieder im Gemeinderat, wo er in schwerster Zeit seinen guten und sachverständigen Rat zum Nutzen von Stadt und Bürgerschaft gegeben hat. In seiner letzten Lebenszeit schrieb er beinahe wöchentlich einen Brief an den Oberbürgermeister. Darin teilte er seine Gedanken zu verschiedenen städtischen Angelegenheiten mit – als »Testament« gewissermaßen an die Stadt und den Gemeinderat.

Große Verdienste hat sich Hermann Schneider nach dem Ende des Zweiten Weltkriegs um den Wiederaufbau des Heilbronner Weinbaus erworben. Als Initiator, Wegweiser und treibende Kraft, nicht zuletzt auch im Gemeinderat, verband er damit eine Flurbereinigung. Sie begann mit dem Auffüllen der Weinberghohlen mit Trümmerschutt aus der zerstörten Stadt. Hermann Schneider hat die Vollendung des Unternehmens, mit dem er sich – ungewollt – ein »Denkmal« gesetzt hat, nicht mehr erlebt. Er hat aber an erster Stelle die Voraussetzungen mitgeschaffen für einen rationellen Weinbau auf Heilbronner Markung. Wie sehr ihm daneben die Erhaltung des heimischen Weinbaugebietes am Herzen lag, geht aus dieser Passage des genannten »Testaments« hervor: »Eine innere Unruhe treibt mich ... Bei dem Schutz der Weinberge geht es mir nicht allein um den Weinbau und den Weingärtner, sondern auch um die Landschaft ... Wir dürfen die jetzt bestehenden Dämme nicht einreißen oder überfluten lassen von denen, die eigensinnig unbedingt im Weinberggelände bauen wollen ... Wenn sich die Weingärtner ihren besten Grund und Boden Stück für Stück unter den Füßen wegziehen lassen, so zwingen sie ihre Nachkommen, ihrem Beruf untreu zu werden.«

Im Jahre 1946 gehörte Hermann Schneider auch der Verfassunggebenden Landesversammlung und von 1946 bis 1952 dem Landtag von Württemberg-Baden an, wo sein Urteil von allen Parteien gesucht wurde und wo er über die Interessen seines Berufsstandes hinaus, die er mit Nachdruck und Geschick vertrat, erfolgreich zum allgemeinen Wohle mitwirkte.

Hermann Schneiders Tod war für die Weingärtnerschaft im Lande ein schwerer Schlag. Mit ihm schied eine ihrer »markantesten Persönlichkeiten« aus einem von Arbeit erfüllten Leben. Bundespräsident Theodor Heuss (1884 bis 1963) bekundete: »Hermann Schneiders unerwarteter Tod bewegt mich sehr ... in der gemeinsamen öffentlichen Tätigkeit habe ich die sachlichen und menschlichen Qualitäten des Heimgegangenen, seine Kenntnisse, seine Hilfswilligkeit, die ernste Zuverlässigkeit seines Charakters schätzen gelernt ...« Die Stadt Heilbronn verlor, so Oberbürgermeister Paul Meyle (1900 bis 1977) am Grab, »einen treuen Sohn und Bürger«. Nach ihm hat der Gemeinderat 1958 einen Weg im Weinbaugebiet benannt, wo sich auch ein Reliefstein mit seinen unverkennbaren Gesichtszügen findet.

Heilbronner Weinlese 1934

Ulrich Tuchel (1904–1986)

Sicher auch außerhalb der Atmosphäre
Ulrich Tuchel

Im Jahre 1947 kam ein Mann nach Heilbronn, dem ein Ruf als bedeutender Erfinder vorausging. Der Ingenieur Ulrich Tuchel (1904 bis 1986) wollte sich hier niederlassen – in einer Stadt, die am Abend des 4. Dezember 1944 von einem englischen Bomberverband heimgesucht worden war und die schlimmste Stunde in ihrer Geschichte erlebt hatte, den Untergang des seit Jahrhunderten blühenden Gemeinwesens in einem Inferno von Explosion und Feuer.

Ulrich Tuchel war ein Pionier und Schrittmacher der Elektrotechnik, eine dynamische und von seinem Fach begeisterte Erfinderpersönlichkeit. Dabei hatte einer seiner Professoren einmal zu ihm gesagt: »Sie hätten besser ins Möbelfach gehen sollen, als sich mit Elektrotechnik zu beschäftigen!« Zahlreiche Patente und Gebrauchsmuster zeugen von seinem erfinderischen Gespür. Mit dem Tuchel-Kontakt hat er einen Steckverbinder geschaffen, der aus der Technik nicht mehr wegzudenken ist. Die dieser Erfindung zugrundeliegende und im In- und Ausland patentierte Idee ist als »Tuchel-Kontakt-Prinzip« weltweit bekannt. Sie war die Ausgangsbasis für zahlreiche Weiterentwicklungen. Welcher Stellenwert seiner Erfindung zukommt, mag nicht zuletzt aus der Aussage eines bekannten Wissenschaftlers abzulesen sein: »Luftfahrt und Raketentechnik wären nicht möglich ohne sichere Kontakte«, und er meinte: Kontakte, wie sie von Ulrich Tuchel erfunden worden sind. Durch seine Erfindung ist sein Name in alle Welt hinausgetragen worden und steht für höchste Leistung auf seinem Gebiet. Nicht von ungefähr interessierten sich schon früh die Amerikaner für sein Unternehmen.

Als Ulrich Tuchel nach Heilbronn kam, stand er vor dem Nichts, mittellos, aber mit viel Leistungsbereitschaft und Vitalität. Der gebürtige Berliner kam aus dem rundfunktechnischen Bereich. Hautnah hatte er die

Anfänge des Rundfunks miterlebt. Die Arbeit bei einem privaten Unternehmen war nur ein Zwischenspiel, 1932 kehrte er zur Reichs-Rundfunk-Gesellschaft zurück, wo er später Chefkonstrukteur in der Zentraltechnik gewesen ist.

Die rundfunktechnischen Anlagen wurden in der Pionierzeit dieses Mediums fest verdrahtet. Ein Austausch von Geräten war deshalb schwierig und mit hohem Zeitaufwand verbunden, andererseits aber eine oftmals unumgängliche Notwendigkeit. Der Weg aus diesem Dilemma konnte nur heißen, die Verbindungen »steckbar« zu machen. Ulrich Tuchel dachte darüber nach und erfand einen Kontakt, der nicht nur brauchbar war, der Tuchel-Kontakt war auch absolut sicher. Während der Olympischen Spiele 1936 in Berlin, als man schnelle Schaltungen tätigen und deshalb zuverlässig und sicher gesteckt werden mußte, bestand er seine Feuerprobe. Von da an waren diese Steckverbindungen bei allen technischen Einrichtungen der Rundfunkanstalten in Gebrauch, ja unentbehrlich. Seit den frühen 40er Jahren wertete Tuchel seine Erfindung auch selbst in einer in Berlin dazu eigens gegründeten Firma aus, die er der Gefahr von Luftangriffen wegen später nach Eisenberg in Sachsen verlegte.

Ulrich Tuchels erste Sorge in Heilbronn galt der Rekonstruktion seiner im Krieg verlorengegangenen technischen Unterlagen. Die beschlagnahmten Patente vermochte er zurückzukaufen. Dann begann er, einen neuen Betrieb aufzubauen. Mit eigenen Händen und ein paar willigen Helfern setzte er 1947 das ehemalige Offizierskasino in der Bismarckstraße instand und gebrauchte die Räumlichkeiten als Wohnung und Geschäft. Am 1. Januar 1948 gründete er dort ein Ingenieurbüro, die Firma Tuchel-Kontakt. Als Zweck des Unternehmens ist im Handelsregister eingetragen worden: Konstruktion und Fabrikation von elektronischen Kontaktteilen. Tuchel blieb also im Fach, seine Vorliebe für die Studiotechnik bestimmte den Weg. Abnehmer waren von Stunde an wieder die Rundfunksender. Da der zur Verfügung stehende Platz für den sich ausweitenden Betrieb bald nicht mehr ausreiche, wurde dieser auf noch andere Unterkünfte verteilt. Zum 1. Juni 1952 wurde das bisherige Einzelunternehmen in eine Kommanditgesellschaft umgewandelt, ab dem 1. Juni 1955 befaßte sich die Tuchel-

Kontakt Ulrich Tuchel KG mit der Grundstücksverwaltung sowie der Patent- und Gebrauchsmusterverwertung. Die Entwicklung und Fabrikation von elektronischen Geräten oblag jetzt einer neugegründeten Tuchel-Kontakt GmbH mit rund 150 Beschäftigten. 1957 wurde die Kommanditgesellschaft aufgelöst, die Firmierung lautete nunmehr Tuchel-Kontakt Ulrich Tuchel. Dieses Unternehmen bestand bis Mitte 1967. Mit seiner ständig expandierenden GmbH bezog Ulrich Tuchel 1958 ein neugebautes Betriebsanwesen in Böckingen. Erstmals seit der Gründung des Unternehmens konnten hier alle Abteilungen zusammengeführt werden, womit die beschwerlichen »Wanderjahre« zu Ende waren. Damals waren bei Tuchel annähernd 500 Personen beschäftigt. Das Werk war nach den neuesten Erkenntnissen der Rationalisierung und Betriebsorganisation geplant und gebaut worden und gehörte zu den modernsten Betrieben in Heilbronn. Ein zweiter Bauabschnitt konnte 1961 seiner Bestimmung übergeben werden.

Der Tuchel-Kontakt ist eine sich selbst reinigende elektrische Steckverbindung, ein Vielfach-Kontakt, bei dem die Kanten eines geschlitzten, federnden Rohres den Steckstift mit hohem Druck umfassen, wodurch eine sichere Verbindung von konstantem, geringen Übergangswiderstand hergestellt wird. Mit dem Vielfach-Kontakt war die Grundlage geschaffen für ein breites Anwendungsgebiet im elektrotechnischen, insbesondere dem elektronischen Bereich. »Das Tuchel-Kontakt-Prinzip funktioniert auch außerhalb der Erdatmosphäre sicher und störungsfrei«, sagte ein Werkssprecher 1965, wobei er darauf Bezug nahm, daß Tuchel-Kontakte bei diversen Weltraumunternehmungen Verwendung gefunden hatten. »Der diesem Prinzip eigene Effekt der unbedingten Betriebssicherheit«, ist in einer PR-Veröffentlichung des Unternehmens 1959 zu lesen, »führte dazu, daß sich seine Anwendung heute praktisch auf all den Gebieten, bei denen höchste elektrische Anforderungen gestellt werden, im In- und Ausland ständig erweitert. Insbesondere die Elektronik mit ihren vielseitigen, differenzierten Teilgebieten erfordert Vorbedingungen, die sich mit herkömmlichen Methoden sowohl in der Konstruktion von Geräten als auch ihrer Bauelemente nicht mehr erfüllen lassen.« Gerade die Verbindung mit der Elektronik führte zu einem raschen Wachstum des Unterneh-

Die Böckinger Firma Tuchel-Kontakt um die Mitte der Sechzigerjahre

mens. Tuchel-Kontakt-Steckverbinder sind überall in der Welt der Technik anzutreffen, sie sind längst unverzichtbar geworden, wo es auf absolute Betriebssicherheit ankommt. Daß sie 1974 in die »Brockhaus-Enzyklopädie« Aufnahme gefunden haben, zeigt ihren Stellenwert. Schon 1963 bot das Unternehmen auf der Grundlage von ca. 400 Typen über 1400 verschiedene Kontakteinrichtungen an, 1967 die Amphenol-Tuchel Electronics GmbH mehr als 2500. Das reichhaltige jährliche Neuheitenprogramm für die Industrie wurde regelmäßig auf der Hannover-Messe vorgestellt. Der direkte Exportanteil belief sich 1964 auf immerhin etwa 22 Prozent; zusammen mit den indirekten Exporten gingen ca. 50 Prozent der Produktion ins Ausland. Die Hauptabnehmer kamen aus der Computerindustrie, der Telekommunikation, dem Maschinenbau sowie aus dem militärischen Bereich.

Zum 1. Januar 1967 hat Ulrich Tuchel sein mittelständisches Unternehmen an die US-amerikanische Amphenol Corporation verkauft, worauf es mit der Amphenol-Borg Electronics GmbH in Deisenhofen bei München zur Amphenol-Tuchel Electronics GmbH fusioniert wurde. »Wir betrachten diesen Zusammenschluß als eine überaus günstige Möglichkeit zur Steigerung des Absatzes deutscher Erzeugnisse nach Übersee und besonders in die USA. Die Amphenol Corporation in USA gehört zu den größten Herstellern von elektrischen Steckverbindungen in der Welt und verfügt über eine internationale Vertriebsorganisation, die für unsere geschäftliche Betätigung von großem Vorteil sein wird«, zitierte die »Stuttgarter Zeitung« damals eine Mitteilung der Geschäftsführung. Ulrich Tuchel schied aus dem Unternehmen aus, stand aber der Amphenol Corporation als technischer Sonderberater zur Verfügung. Die Gesellschaft wußte sich also das technische Wissen und Können dieses Mannes zu erhalten. Das Werk, das zu der Zeit als führender Hersteller von Steckverbindungen auf dem europäischen Kontinent galt, war nunmehr weltweit auf allen Absatzmärkten vertreten und profitierte von der Forschungstätigkeit der amerikanischen Mutterfirma.

Die Amphenol Corporation hat sich 1968 aus wirtschaftlichen und marktpolitischen Erwägungen mit einem anderen im elektronischen Bereich tätigen US-amerikanischen Konzern zusammengeschlossen. In den

Jahren 1981 und 1987 erlebte Amphenol-Tuchel mit dem Mutterunternehmen noch zwei weitere Konzernwechsel. 1969 nahm die Amphenol-Tuchel Electronics GmbH in Eppingen ein Zweigwerk in Betrieb, veranlaßt durch die permanente Expansion. Ein Jahr später wurden allein in den deutschen Amphenol-Betrieben Monat für Monat 1,2 Millionen Steckverbinder hergestellt. 1972 waren in der Bundesrepublik etwa 30 Firmen in diesem Bereich am Markt. Die Amphenol-Tuchel Electronics GmbH war mit einem Marktanteil von 28 Prozent der größte Anbieter der Branche, im Konzern hielt sie 25 Prozent am Umsatz mit Steckverbindungen. 1996 hat die Amphenol-Tuchel in Detroit (USA) eine Niederlassung gegründet, durch welche die Präsenz der in Deutschland hergestellten Produkte über das bisherige Geschäft hinaus verstärkt werden soll.

Ulrich Tuchel selbst gründete 1968 in Berlin, wohin er zwischenzeitlich zurückgekehrt war, eine neue Firma, die Conectron GmbH & CO. KG, die sich vorwiegend mit der Entwicklung und Produktion von elektrischen Kleinmotoren beschäftigte. Als er 1986 starb, trat ein Mann von der Bühne des Lebens, dem seiner erfinderischen und wirtschaftlichen Leistungen wegen der Deutsche Erfinderverband 1963 die Diesel-Medaille in Gold verliehen hatte, eine der großen Auszeichnungen im Bereich der Technik.

Zitierte Literatur (Darstellungen)

Albeck, Hermann: Gustav von Schmoller in seiner Zeit:
  Der Sozialpolitiker. In: Gustav von Schmoller 1838-1917. Zum 150.
  Geburtstag. Festakt der Stadt Heilbronn am 10. Juni 1988.
  Heilbronn 1989 (Heilbronner Vorträge 25), S. 29-37.
Beck, Günther: Die Betriebs- und Marktorganisation in der Salzindustrie,
  dargestellt am Beispiel der Salinen in Wimpfen am Neckar. Eine
  wirtschaftsgeographische Untersuchung zur politischen Ökonomie der
  kapitalistischen Produktions- und Zirkulationssphäre. Kassel 1981
  (urbs et regio. Kasseler Schriften zur Geographie und Planung 21).
Beckerath, Erwin von: Aufsatz »Schmoller« in: Staatslexikon,
  Bd. 6. Freiburg 1961, Sp. 1146-1150.
C. H. Knorr's Lebensmittel-Fabriken Heilbronn am Neckar. Heilbronn 1898.
Dörner, Heiner: Ein Dreiviertel-Jahrhundert Luftfahrttechnik an der
  Universität Stuttgart. Wurzeln reichen nach Heilbronn. In: Jahrbuch
  für schwäbisch-fränkische Geschichte 32 (1992), S. 321-348.
[Drauz, Carl Friedrich]: Friedr. Mich. Münzing, Kommerzienrath,
  langjähriger Beirath der Centralstelle für Gewerbe und Handel ...
  [Nekrolog]. In: Gewerbeblatt aus Württemberg 31 (1879), S. 441-445.
Gerlach, Walther: Fortschritte der Naturwissenschaft im 19. Jahrhundert.
  In: Propyläen-Weltgeschichte. Bd. 8. Berlin-Frankfurt-Wien 1960,
  S. 245-247.
Gerlach, Walther: Julius Robert Mayer. Das Gesetz der Erhaltung der
  Energie. Entstehung, Geschichte, Bedeutung. In: Historischer Verein
  Heilbronn, Veröffentlichung 24 (1963), S. 9-36.
Haag, Karl: Gedenkschrift der ehemaligen Ortsgruppe Heilbronn des
  württbg. Bauern- und Weingärtnerbundes 1901-1933. 32 Jahre Kampf
  für deutsches Volk und Bauerntum. Heilbronn 1935.
Haag, Otto: Die Anfänge der Rebenselektion. Typoskript 1984 im
  Stadtarchiv Heilbronn.
Hartmann, Julius: Die Meisterbildnisse an dem neuen Landes-Gewerbe-
  museum. 9. Peter Bruckmann 1778-1850. In: Gewerbeblatt aus
  Württemberg 47 (1895), S. 410-411.

Hermann, Armin: Julius Robert Mayer. In: Die Großen. Leben und Leistung der sechshundert bedeutendsten Persönlichkeiten unserer Welt, hrsg. von Kurt Fassmann. Bd. 7. Zürich 1977, S. 131-143.

Heuss, Theodor: Stichwort »Bruckmann, Peter« in: Neue Deutsche Biographie. Bd. 2, Berlin 1955, S. 643.

Heuss, Theodor: Weinbau und Weingärtnerstand in Heilbronn a. N. Heilbronn 1906.

Hirth, Hellmuth: 20 000 Kilometer im Luftmeer. Berlin 1913.

Huber, Franz C.: Festschrift zur Feier des 50jährigen Bestehens der Württembergischen Handelskammer. Tl. 2: Großindustrie und Großhandel in Württemberg. Stuttgart 1910.

Jäckh, Ernst: Die Geschichte des Salzwerks Heilbronn A.-G. 1883-1908 und seine wirtschaftliche Bedeutung für Heilbronn und Württemberg. Festschrift zur 25. Wiederkehr des Gründungstages am 16. November 1908. Heilbronn 1908.

Jellinek-Mercédès, Guy: Mein Vater, der Herr Mercédès. Wien-Berlin-Stuttgart 1962.

Kauffmann, Ernst Friedrich: Die Neckarfahrt von Heilbronn bis Heidelberg. ... mit Beziehung auf Geschichte und Sagen. Heilbronn 1843.

Kaufhold, Karl Heinrich: Gustav von Schmoller (1838-1917) als Historiker, Wirtschafts- und Sozialpolitiker und Nationalökonom. In: Vierteljahrschrift für Sozial- und Wirtschaftsgeschichte 75 (1988), S. 217-252.

Kloten, Norbert: Gustav von Schmoller in seiner Zeit: Der Nationalökonom. In: Gustav von Schmoller 1838-1917. Zum 150. Geburtstag. Festakt der Stadt Heilbronn am 10. Juni 1988. Heilbronn 1989 (Heilbronner Vorträge 25), S. 5-13.

Knorr, Alexander: Knorr. Chronik 1838-1959. Bd. 1: 1838-1938, Typoskript im Stadtarchiv Heilbronn.

Langen, Arnold: Nikolaus Otto, der Schöpfer des Verbrennungsmotors. Stuttgart 1949.

Marchtaler, Kurt Erhard von: Georg Peter Bruckmann (1778-1850) und seine Söhne ..., Silberwarenfabrikanten in Heilbronn. In: Schwäbische Lebensbilder 4 (1948), S. 15-31.

Niemann, Harry: Wilhelm Maybach - König der Konstrukteure. Zum 150. Geburtstag. Stuttgart 1995 (Kleine Schriftenreihe des Archivs der Stadt Heilbronnn 39 und Mercedes-Benz Classic - Archiv-Edition).

Nowarra, Heinz J.: Die Flugzeuge des Alexander Baumann. Friedberg 1982.

Pritschow, Karl (Bearb.): Die photographische Kamera und ihr Zubehör. Wien 1931 (Handbuch der wissenschaftlichen und angewandten Photographie Bd. 2).

Rathke, Kurt: Wilhelm Maybach - Anbruch eines neuen Zeitalters. Friedrichshafen 1953.

Rohrbach, Adolf: Alexander Baumann † [Nachruf]. In: Zeitschrift für Flugtechnik und Motorluftschiffahrt 19 (1928), S. 228.

Rümelin, Gustav: Reden und Aufsätze. Neue Folge. Freiburg 1881; S. 350-405: Erinnerungen an Robert Mayer.

Titot, Heinrich: Notizen über die Dampfschiffahrt auf dem Neckar. In: Württembergische Jahrbücher 1844, S. 261-279.

Unter den Vätern der Chemischen Industrie - Friedrich Michael Münzing. In: Die Württembergische Industrie 1 (1907), S. 109-110.

Winkel, Harald: Gustav von Schmoller (1838-1917). In: Klassiker des ökonomischen Denkens. Bd. 2, hrsg. von Joachim Starbatty. München 1989, S. 97-118.

Zimmermann, Willi: Heilbronn. Der Neckar: Schicksalsfluß der Stadt. Heilbronn 1985.

Alle Zitate im Text sind in heutiger Schreibweise wiedergegeben.

Bildnachweis

S. 14: Original: Privatbesitz, Reproduktion: Kurt Taube
S. 17: Original und Reproduktion: Stadtarchiv Heilbronn/Jehle
S. 18: (oben) Stadtarchiv Heilbronn
 - (unten) Luftbild Strähle, Schorndorf
S. 23, 26 und 27: Fotograf unbekannt
S. 32: Original: Privatbesitz, Foto: Stadtarchiv Heilbronn
S. 35: Stadtarchiv Heilbronn
S. 36: (oben) Foto: Stadtarchiv Heilbronn
 - (unten) Lithographie Gebrüder Wolff
S. 41: Ölgemälde: Privatbesitz, Reproduktion: Stadtarchiv Heilbronn/Jehle
S. 43: Stadtarchiv Heilbronn
S. 44: Aus Katalog 150 Jahre Knorr
S. 46, 51, 57 und 59: Stadtarchiv Heilbronn
S. 63, 65: Historisches Archiv der Mercedes-Benz AG
S. 69, 73, 75, 81, 82 und 85: Stadtarchiv Heilbronn
S. 88: Foto: Stadtarchiv Heilbronn, Fotograf: C. Kohler, Heilbronn
S. 91: Original: Sammlung Peter Lipp,
 Reproduktion: Stadtarchiv Heilbronn/Jehle
S. 92: Original: Chronik Münzing, Reproduktion: Stadtarchiv Heilbronn/Jehle
S. 96, 99: Ölgemälde von Carl Doerr 1815, Privatbesitz,
 Foto: Stadtarchiv Heilbronn
S.100: Stadtarchiv Heilbronn
S.105: Stadtarchiv Heilbronn, Fotograf: K. Fleischmann, Heilbronn
S.107: DB-Museum Nürnberg, Böttinger Sammlung F III M XIV C2
S.108: Stadtarchiv Heilbronn
S.111: Lithographie Läpple/Emminger, Foto: Stadtarchiv Heilbronn
S.115: Stadtarchiv Heilbronn
S.117: Original: Privatbesitz, Lithographie Th. Rausche,
 Foto: Stadtarchiv Heilbronn
S.118, 125 und 127: Stadtarchiv Heilbronn
S.128: Original: Privatbesitz, Foto: Stadtarchiv Heilbronn/Jehle
S.135, 138, 141, 142, und 146: Stadtarchiv Heilbronn